Einführung in die Donauschrift

Einführungen in fremde Schriften

Arabisch-persisch
Armenisch
Bengālī
Chinesisch
Devanāgarī
Donauschrift
Georgisch
Griechisch
Gujarātī
Gurmukhī
Hebräisch
Hieroglyphen
Mongolisch
Oṛiā
Tibetisch

BUSKE

Einführung in die Donauschrift

von

Harald Haarmann

BUSKE

Für Lilja

Bibliographische Information der Deutschen Nationalbibliothek

Die Deutsche Nationalbibliothek verzeichnet diese Publikation in der Deutschen Nationalbibliographie; detaillierte bibliographische Daten sind im Internet über ‹http://dnb.d-nb.de› abrufbar.
ISBN 978-3-87548-555-4

www.buske.de

 Gedruckt auf alterungsbeständigem Papier, hergestellt aus 100 % chlorfrei gebleichtem Zellstoff. Satz: Type & Buch Kusel, Hamburg. Druck und Bindung: GEMI s.r.o., Prag. Printed in Czech Republic.

Inhaltsverzeichnis

1 Vorwort

Alles fing damit an, dass die Ausgräberin der neolithischen Siedlung von Turdaş (Transilvanien, Rumänien), die Baroness Sofie (Zsófia) von Torma, in den 1870er Jahren Tongefäße und weibliche Statuetten fand, auf denen rätselhafte Zeichen eingraviert waren. Sofies waches Auge erkannte intuitiv, dass diese Zeichen anders aussahen als die Ornamente und dekorativen Motive, mit denen sie vertraut war. Nach zwei Grabungskampagnen in den Jahren 1875 und 1876 hatte sie bereits mehrere Dutzend Gefäße mit Ritzzeichen inventarisiert, denen weitere folgen sollten. In ihren handschriftlichen Aufzeichnungen – in deutscher und ungarischer Sprache – vermerkte Sofie minutiös die verschiedenen Zeichenformen. Ihre Sammlung umfasste schließlich rund 300 Artefakte mit geritzten oder aufgemalten Zeichen. Die Notizbücher der Baroness werden im Archiv des National History Museum of Transylvania in Cluj aufbewahrt.

Sofie kam zu dem abenteuerlichen Schluss, dass diese Zeichen Schrift und deren Gruppierung auf den Gefäßen Inschriften sein mussten. Abenteuerlich war diese Schlussfolgerung deshalb, weil Sofie damit zunächst allein stand. Das war vor mehr als 130 Jahren, zu einer Zeit, als sich niemand vorstellen konnte, es hätte eine Schrift in Südosteuropa gegeben, die älter als das griechische Alphabet ist. Denn die altägäischen Schriftsysteme, d. h. Linear A zur Schreibung des Minoischen und Linear B zur Schreibung des Mykenisch-Griechischen, waren damals noch nicht bekannt. In einer Eintragung für das Jahr 1878 sprach Sofie die Vermutung aus, beim Inhalt der Inschriften könne es sich um »religiöse Sprüche« handeln.

Auf verschiedenen internationalen anthropologischen Kongressen (1876 in Budapest, 1880 in Berlin u. a.) hielt Sofie Vorträge über ihre Funde von Turdaş und diskutierte mit Kollegen über die Entdeckung der Turdaş-Schrift. Die meisten blieben skeptisch. Heinrich Schliemann zeigte sich dagegen aufgeschlossen und teilte Sofies Ansicht, es müsse eine historische Beziehung zwischen den Zeichen von Turdaş und den altzyprischen Schriftsystemen geben, insbesondere dem Kyprisch-Syllabischen. Sofie publizierte einen Teil des Zeicheninventars und Schriftproben in einigen Artikeln sowie in ihrer Studie »Ethnographische Analogien« (1894), und einige wenige zeitgenössische Forscher stellten Vergleiche zu damals bekannten Schriftsammlungen an. Solche Vergleiche führten aber nicht weit. Dies lag in erster Linie daran, dass die Datierung der Funde von Turdaş ungeklärt war. Es sollte bis in die 1990er Jahre dauern, bevor die Beziehungen zwischen der Donauschrift und den altägäischen Schriftsystemen tatsächlich bestätigt werden konnten (siehe Kapitel 6).

Die Erkenntnisse der vergleichenden Schriftforschung, insbesondere zu den Bedingungen der Schriftentstehung (first writing) in den frühen Zivilisationen, sprechen für eine Identifizierung der Zeichengruppierungen auf den Artefakten aus der Zeit zwischen ca. 5300 und 3200 v. Chr. von Fundstätten im Donauraum als Schrift. Dazu gehören auch die von Sofie ausgegrabenen Schriftobjekte von Turdaş. Dieses archaische Schriftsystem wurde bis gegen Ende des 20. Jhs. als »alteuropäische Schrift« (Old European script) bezeichnet, in Anlehnung an den von Marija Gimbutas in den 1970er Jahren geprägten Sammelbegriff für die Regionalkulturen der frühen Ackerbauern in Südosteuropa: Old Europe. In den letzten Jahren hat sich der Terminus »Donauschrift« (Danube script) durchgesetzt.

Bisher sind drei Ausstellungen zum Thema »Donauschrift« organisiert worden und es haben begleitende Konferenzen stattgefunden (in Novi Sad 2004, in Sibiu 2008 und in Cluj 2009). In den vergangenen Jahren haben immer mehr Wissenschaftler – Archäologen, Sprachwissenschaftler und Semiotiker – aktiv an der Erforschung der Donauschrift teilgenommen. Vor etwa zehn Jahren konnte man nur wenige Websites zu Stichworten wie »alteuropäische Schrift« oder »Old European script« im Internet finden. Heutzutage sind es bereits mehr als 2000. Inzwischen existieren auch Datenbanken, in denen beschriftete Objekte inventarisiert sind (siehe Kapitel 5). Ausstellungskataloge, Sammelbände mit Konferenzbeiträgen und Buchmonografien bilden den Schwerpunkt der bereits zahlreichen Publikationen, die sich mit Problemen der Donauschrift befassen. Literatur über die Donauschrift ist heutzutage in einer Reihe von Sprachen verfügbar, darunter Deutsch, Englisch, Italienisch, Spanisch, Schwedisch, Serbisch, Rumänisch, Bulgarisch, Russisch und Chinesisch.

Bisher ist eine Einführung in diesen Themenkreis der Schrift- und Zivilisationsforschung ein Desiderat geblieben. Mit diesem Buch wird nun der Versuch einer Gesamtschau der bisherigen Erkenntnisse unternommen und zwar zur Entstehung des Zeichenrepertoires und seiner kompositionellen Charakteristika, zur Analyse von Einzelzeichen und deren Gruppierung in Inschriften, zur Typologie von Textsorten und zum sozialen Kontext der Zeichenverwendung, zur Akkumulation von Informationen über beschriftete Objekte in Datenbanken, zum Stellenwert der Donauschrift im Verbund mit anderen Systemen der visuellen Kommunikation in der Donauzivilisation (Notation von Zahlbegriffen; Inventar der Kultursymbole auf Tonstempeln; Eigentumsmarken und Töpferzeichen) sowie zur Problematik der Entzifferungsmethoden.

Die Bedeutung des Themenkreises um »Alteuropa« ist besonders eindringlich gemacht worden durch die große Ausstellung »The lost world of Old Europe – The Danube Valley, 5000–3500 BC«, die vom Institute for the Study of the Ancient World (ISAW) in New York organisiert wurde, und die von November 2009 bis April 2010 zu sehen war.

Wir leben in der Ära einer politisch zusammenwachsenden Europäischen Union und eines sich vertiefenden Europa-Bewusstseins, und dieser Trend bedingt ein verstärktes Interesse für unsere Ursprünge und unser kulturelles Erbe. Es ist daher nur folgerichtig, wenn die kulturellen Errungenschaften Alteuropas gebührend ausgeleuchtet werden, wie die Schrifttechnologie und deren kulturökologische Einbettung in diesem Band.

2 Einleitung

> »Die ideologische Barriere, die errichtet worden ist, um die Vorgeschichte von der Geschichte, das Primitive vom Zivilisierten und Schreiben von Vorstadien der Schrift zu trennen, würde über Nacht fallen, wenn sich der unstrittige Nachweis für die alteuropäische Schrift führen ließe. Es würde nichts weniger als den Zusammenbruch des derzeit gültigen Begriffs von Zivilisation bedeuten« *(Rudgley 1999: 71)*

Das Informationszeitalter bringt es mit sich, dass wir nicht nur in einem kontinuierlichen Fluss neuer Informationen über Alles und Jedes stehen, sondern auch mit Wissen über die Welt umgehen, das sich beständig verändert. Auf der einen Seite ist der Zustrom bislang nicht bekannter Daten wertvoll für den Aufbau konstruktiven Wissens, auf der anderen Seite hat sich der Informationszuwachs schon vor Jahren zu einem mentalen Stress ausgewachsen, die anstehende Datenfülle für die verschiedensten Bereiche sinnvoll zu verarbeiten und damit neues Wissen aufzubauen. Der Prozess des Ersetzens althergebrachten Wissens durch neue Inhalte vollzieht sich in einem immer rasanteren Rhythmus. Was heute allgemeingültig scheint, muss morgen vielleicht schon revidiert werden. Viele Wissenschaftsbereiche stehen im Wandel, weil traditionelle Erklärungen für neu entdeckte Phänomene einfach nicht genügen.

Beispielsweise hat die Astronomie in den vergangenen Jahren einen radikalen Wandel unserer Vorstellungen vom Sonnensystem erlebt, die Jahrzehnte lang unser Allgemeinwissen geprägt hatten. Technologische Innovationen der Himmelsbeobachtung brachten es mit sich, dass man inzwischen auf Tausende von Objekten aufmerksam geworden ist, die weit draußen im All in einem breiten Gürtel (Kuiper Belt genannt) unsere Sonne umkreisen (Murdin/Penston 2004: 306 f.). Die althergebrachte Ordnung der neun Planeten ist inzwischen aufgegeben worden – auf dem Kongress der Internationalen Astronomischen Union im Sommer 2006 – und zwar zugunsten einer komplexeren Kategorisierung der Himmelskörper in unserem Sonnensystem. Unterschieden werden nun zwei Kategorien von Himmelskörpern: (I) Planeten (insgesamt 8) und (II) eine große Zahl von Plutoiden, Objekte des Kuiper Belt, wozu auch Kometen gehören. Der früher als Planet kategorisierte Pluto gilt in der neuen Ordnung als Kuiper-Belt-Objekt (KBO).

Was radikale Wandlungen in den Wissenschaften betrifft, so macht die Forschung über alte Zivilisationen und Schriftentstehung keine Ausnahme. Angesichts der Erfolge der archäologischen Ausgrabungen in Mesopotamien im 19. Jahrhundert hatten sich bestimmte stereotypische Ansichten über die Entstehung der alten Zivilisationen gefestigt, die Eingang in Handbücher und Enzyklopädien gefunden haben und bis heute tradiert werden. Solche Gemeinplätze sind heutzutage nicht mehr aufrecht zu halten, da das Puzzle der Entstehungsbedingungen früher Zivilisationen inzwischen weitaus differenzierter aussieht. Die Schriftforschung steht derzeit in einem Prozess der Neuorientierung ihrer Grundlagen, und davon sind sowohl die Methodologie als auch die Modellbildung betroffen.

Kaum eine der Schulweisheiten, die über Generationen hindurch tradiert worden sind, hat heute noch Bestand. Allerdings gibt es eine Einsicht, die auch heute noch ihren Wert bewahrt hat, nämlich die, dass Schrift eine zivilisatorische Errungenschaft ist, die sich für alle alten Zivilisationen (Hochkulturen) nachweisen lässt. Es gibt keinen Grund, diese Erkenntnis anzuzweifeln.

Die meisten anderen Weisheiten sind aber als Gemeinplätze revisionsbedürftig. Von der um 2700 v. Chr. eingeführten sumerischen Keilschrift nimmt man an, sie sei die älteste Schrift der Welt, eine Annahme, die sich nicht mehr halten lässt. Zum Kanon der traditionellen Erklärungen gehört die Behauptung, Schrift sei eingeführt worden als ein Mittel zur Erleichterung der staatlichen Bürokratie. Diese Deutung trifft nach neueren Erkenntnissen nur auf die Verhältnisse in den sumerischen Stadtstaaten des Zweistromlands (Mesopotamien) und im benachbarten Elam im iranischen Hochland zu. In den anderen alten Zivilisationen herrschten ganz andere Bedingungen für die Schriftentstehung.

Der bekannte britische Archäologe Gordon Childe hatte in einem Artikel über die Entwicklung der Stadtkultur im Alten Orient einen Katalog von Merkmalen aufgestellt, von denen er annahm, sie seien für alle alten Zivilisationen typisch (Childe 1950). Dieser Merkmalkatalog wird bis heute von Archäologen und Anthropologen bei der Identifizierung früher Entwicklungsstufen von Hochkultur zugrunde gelegt. Bei der Zusammenstellung der Merkmale orientierte sich Childe an der Charakteristik der Hochkultur in den sumerischen Stadtstaaten, von der man damals annahm, sie sei die älteste der Welt. Inzwischen weiß man, dass etliche von Childes Merkmalen weder exklusiv zivilisatorisch noch unerlässliche Vorbedingungen für Schriftentstehung sind.

Immer noch weit verbreitet ist die Ansicht, dass sich jede Zivilisation des Altertums durch Monumentalarchitektur auszeichnet und dass solche Architektur Ausdruck einer spezialisierten Arbeitsteilung in einer sesshaften Agrargesellschaft ist. Die sensationellen Funde von Göbekli Tepe und anderen Stätten in der östlichen Türkei haben in den 1990er Jahren den Stereotyp von der

Monumentalarchitektur als exklusivem Merkmal einer Hochkultur entkräftet. Die ältesten monumentalen Tempelbauten der Welt wurden von Jägern und Sammlern im 10. Jahrtausend v. Chr. erbaut (Schmidt 2006), also viele Tausend Jahre vor den sumerischen Tempeltürmen (Zikkurat) und den ägyptischen Pyramiden. Auch in den zuletzt erwähnten Zivilisationen ist Schrift zu einer Zeit entstanden, als es die typischen Monumentalbauten noch gar nicht gab. Die sind viel später errichtet worden, als die Schrift schon Jahrhunderte lang in Gebrauch war. Die Organisation von Monumentalarchitektur ist also weder an eine komplexe Gesellschaftsform gebunden noch als Initiator für die Entstehung von Schrift relevant.

Hartnäckig hat sich das Vorurteil gehalten, wonach die Entstehung hochkultureller Institutionen staatliche Organisationsformen voraussetzt. Es trifft zu, dass zu den Zeiten, als in Ägypten und in Mesopotamien die Schwelle zur Zivilisation überschritten wurde, die agrarischen Gemeinwesen dort bereits als Staat organisiert waren. Es gibt andererseits alte Zivilisationen, die entweder überhaupt keine staatliche Ordnung kannten oder die eine solche erst zu einem späteren Zeitpunkt ausbildeten. Die Siedlungen der alten Indus-Zivilisation waren nicht staatlich, sondern in Form einer Wirtschafts- und Kulturgemeinschaft organisiert, eine Art Commonwealth, der durch intensive Handelsbeziehungen aufrecht erhalten wurde (Maisels 1999: 220 ff.). Diese Organisationsform früher Agrargesellschaften wird neuerlich als Ökumenemodell (oecumene model of civilization) identifiziert (Haarmann 2007: 165 ff.).

Die archäologische Forschung in Ägypten hat in den 1990er Jahren Neuerkenntnisse erbracht, die vielleicht noch weitreichender sind als die Entdeckungen von Göbekli Tepe. Die Funde von beschrifteten Grabbeigaben aus dem Gräberfeld von Abydos in Oberägypten weisen darauf hin, dass die altägyptische Schrift mindestens 150 Jahre früher als die altsumerische verwendet wurde. Der frühe Schriftgebrauch in Ägypten datiert in die prädynastische Periode um 3300 v. Chr. (Dreyer 1998). Alle Annahmen über die Entstehungsbedingungen und die Funktionen früher Schriften, die anhand der sumerischen Schrifttradition formuliert worden sind, relativieren sich damit.

Viele Generationen von Schriftforschern haben die Motivation für die Einführung von Schrifttechnologie darin gesehen, dass die staatliche Bürokratie ein Instrument für die Buchführung der Tempelverwaltung und für das Steuerwesen benötigte. Die Tontafeln aus den Fundschichten III und IV von Uruk (ca. 3150–3000 v. Chr.), der sumerischen Stadt am Euphrat, scheinen diese Schlussfolgerung zu bestätigen (Green/Nissen 1987). Die älteren Schriftfunde in Ägypten passen aber nicht in dieses Bild, denn bei den kurzen Inschriften handelt es sich nicht um Texte der Verwaltungsbürokratie, sondern um Herkunftsbezeichnungen der Grabbeigaben und um Widmungsinschriften auf Votivstatuen, den sogenannten Min-Statuen.

In einigen alten Zivilisationen sind die Anfänge des Schriftgebrauchs gänzlich außerhalb weltlicher Belange zu suchen und zwar im magisch-religiösen Bereich. In Altchina steht der frühe Schriftgebrauch während der Periode der späten Shang-Dynastie (16. –11. Jahrhundert v. Chr.) im Zeichen von Wahrsagepraktiken des Orakelwesens. Die ältesten Inschriften auf Orakelknochen, mit deren Hilfe Priester den Willen der Ahnen befragten, datieren in die Zeit um 1200 v. Chr. (Keightley 1985).

Damals gab es noch kein chinesisches Imperium und auch keinen Staat (Lewis 2007). Der chinesische »Kaiser« der Shang-Ära war eine Symbolfigur ohne politische Macht. Da es im ausgehenden 2. Jahrtausend v. Chr. keine staatliche Organisation in Altchina gab, existierte auch keine Bürokratie, in deren Dienst die Schrift hätte fungieren können. Die Institution eines Staatswesens in unserem modernen Verständnis dieses Begriffs entwickelte sich erst während der Zhou-Dynastie in den ersten Jahrhunderten des 1. Jahrtausends v. Chr.

Die Archäologie Südosteuropas krankte lange daran, dass sie sich an der traditionalen Kulturchronologie des Alten Orients orientierte. Wenn man die für Mesopotamien aufgestellte Liste der Zivilisationsmarker auf die Periode des Übergangs zum Ackerbau in Südosteuropa anwendet, summieren sich negative Feststellungen über fehlende Institutionen. Die frühe Agrargesellschaft in der Balkanregion kannte keinen Staat und es gibt nur wenige Stätten mit eindeutig monumentaler Zeremonialarchitektur (s. Lazarovici et al. 2001 zum Heiligtum von Parţa im westlichen Transilvanien/Rumänien) und deshalb tun sich immer noch viele Archäologen schwer, der neolithischen Kulturstufe jener Region den Status einer Zivilisation zuzuerkennen.

Marija Gimbutas wählte für diese frühe Hochkultur den Namen »Old Europe« (Gimbutas 1982, 1991). In der neueren Literatur über Zivilisationsforschung hat sich der Terminus »Donauzivilisation« (engl. Danube civilization) eingebürgert (zuerst in Haarmann 2002: 19 ff., 2003: 95 ff. als Synonym zu »Alteuropa«). Die Problematik von Schrift in Alteuropa wurde in den 1960er und 1970er Jahren intensiv an den Funden beschrifteter Objekte aus Tărtăria und Turdaş in Transilvanien diskutiert (siehe Kapitel 5 zu den Schriftdokumenten). Da damals noch die alte – inzwischen durch kalibrierte Daten ersetzte – Kulturchronologie Südosteuropas galt, verzerrte sich die Perspektive und man nahm sumerische Kultureinflüsse in Europa an. Seit den 1980er Jahren ist klar, dass die Experimente mit zivilisatorischen Institutionen in Südosteuropa rund zweitausend Jahre älter sind als die in Mesopotamien. Gimbutas (1982: 85 ff.) hat ihre Annahme einer Existenz von Schrift in Alteuropa nie aufgegeben und auch in ihrem Hauptwerk bekräftigt (Gimbutas 1991: 307 ff.).

Shan Winn, der in den 1970er Jahren über das Zeichensystem der Vinča-Kultur promovierte und den Zeichengebrauch als »pre-writing« charakterisierte (Winn 1981), revidierte seine damalige Ansicht später öffentlich anlässlich der Konferenz über Zeichensysteme im neolithischen Europa, die im Mai 2004 in Novi Sad (Serbien) stattfand. Für seinen Sinneswandel gibt Winn folgende Erklärung:

»Eines Tages erhielt ich zu meiner Freude eine Postsendung mit Harald Haarmanns »Early Civilization and Literacy in Europe« (1996). Da ich vom Universitätsdienst emeritiert war und mich für Jahre zurückgezogen hatte, war ich sowohl überrascht und überzeugt von seinen Ideen – insbesondere was die Verbindung zwischen dem Schriftsystem Linear A und dem Alteuropas (Donauschrift) betrifft. ... Ebenso wichtig waren seine Erläuterungen zur Verbreitung von Zeichen(formen) von Alteuropa in die Ägäis und nach Kreta und zum Nachweis für die kulturelle Kontinuität der Schreibtechnologie.« (Winn 2009: 50 f.)

Winn hat sein Interesse am Zeichensystem der Donauzivilisation wiederbelebt und gehört heute zum Kreis derer, die es als Schrift identifizieren.

Obwohl es verpönt ist, mit verschiedenen Maßstäben zu messen, wird dies dennoch in den Humanwissenschaften getan. Der Donauzivilisation wird von den Mainstream-Archäologen die Statusbestimmung einer Hochkultur verweigert, weil dort ein Staatswesen fehlt und monumentale Architektur spärlich vertreten ist. Mit voller Berechtigung könnte man Altchina den Rang einer Zivilisation absprechen, denn zu der Zeit, als dort die Schrift eingeführt wurde, gab es noch keine monumentalen Bauten und auch keine staatliche Organisation. Altchina gehört nun aber zum Kreis der etablierten Zivilisationen der Alten Welt, und deshalb hinterfragt auch niemand die Kriterien, nach denen sich die chinesische Kulturstufe der formativen Periode definiert.

Einer der traditionellen Angelpunkte für die Identifizierung einer Kultur als Zivilisation im Sinn von Hochkultur ist die Frage nach dem Entwicklungsgrad urbaner Siedlungen. Wenn die Existenz von stadtähnlichen Siedlungen als isoliertes zivilisatorisches Merkmal betrachtet wird, gerät man in definitorische Schwierigkeiten. Çatalhöyük im südlichen Anatolien, das um 7400 v. Chr. gegründet wurde und bis ca. 6000 v. Chr. bewohnt wurde, war unzweifelhaft die älteste Stadt in Kleinasien (Hodder 2006). Es wird angenommen, dass Çatalhöyük bis zu 7000 Einwohner hatte. Trotz seines urbanen Charakters misst niemand dem Gemeinwesen von Çatalhöyük den Status einer Hochkultur bei, auch der Archäologe Ian Hodder nicht, der dort die Ausgrabungen seit 1993 leitet. Der Grund dafür ist darin zu suchen, dass wesentliche andere Merkmale fehlen, die eine Zivilisation auszeichnen, wie Metallverarbeitung oder Schrift.

Zu der Zeit, als in Ägypten die ersten Siegel und Votivstatuen beschriftet wurden, existierten noch keine urbanen Gemeinwesen. Die Menschen im Niltal waren in der prädynastischen Periode in dörflichen Siedlungen organisiert. Die Kulturchronologie in Ägypten zeigt demnach klar, dass die Entstehung von Schrift dort nicht abhängig war von einem Trend zur Urbanisierung, der sich erst zu einem späteren Zeitpunkt entfaltete. Auch im China der Shang-Periode gab es noch keine Städte und auch dort waren die frühen Experimente mit Schrift nicht mit städtischer Kultur assoziiert.

Ähnliche Beobachtungen gelten auch für die frühe Entwicklungsperiode der Donauzivilisation. Die frühen Schriftdokumente entstanden nicht im urbanen Kulturmilieu. Die kommunalen Gemeinwesen des 6. und 5. Jahrtausends v. Chr. waren dörfliche Siedlungen unterschiedlicher Größe, mit Einwohnerzahlen bis 1000. Erst allmählich wuchs die Einwohnerzahl an einigen Orten zu Stadtgröße an. Frühe Großsiedlungen mit stadtähnlichem Charakter entstanden im 5. Jahrtausend v. Chr. im Areal der Trypillya-Kultur. Im 4. Jahrtausend v. Chr. wuchsen einige dieser Siedlungen zu eigentlichen Städten an, wie Majdanecke, Dobrovodi und Tal'yanki südlich von Kiev. In Majdanecke lebten zwischen 5500 und 8000 Einwohnern.

»Zwischen ca. 3700 und 3400 v. Chr. dehnte eine Gruppe von städtischen Siedlungen der Trypillya C1-Ära ihre Flächen zu Größen von 250 bis 450 Hektar aus, zwei- bis viermal größer als die ersten Städte Mesopotamiens, die sich zur gleichen Zeit entwickelten. ... Dies waren die größten Siedlungen, nicht nur in Europa, sondern auf der ganzen Welt.« (Anthony 2009a: 52)

Auch in der Region der Cucuteni-Kultur entstanden im 4. Jahrtausend v. Chr. Großsiedlungen, wie Petreni in Moldova, mit rund 500 Häusern und ca. 4000 Einwohnern (Gimbutas 1991: 104 f.).

Urbane Siedlungen sind demnach ein Marker für den hochkulturellen Entwicklungsstand der Donauzivilisation. Urbanismus ist aber ein Phänomen der späten Phase und dieser zivilisatorische Faktor spielte weder für die Entstehung der Schrift noch für die Intensivierung ihres Gebrauchs oder deren Verbreitung eine Rolle. Die Verhältnisse in den Gemeinschaften der frühen Ackerbauern Südosteuropas verdeutlichen, dass die Entstehung und Verwendung von Schrift nicht ursächlich an die Existenz städtischer Zentren gebunden sein muss, wie dies anhand des »Modellfalls« Mesopotamien weithin angenommen wird.

Neue Horizonte eröffnen sich für die Zivilisationsforschung im Allgemeinen und die Schriftforschung im Besonderen, wenn man die Erkenntnis berücksichtigt, wonach Zivilisationsmarker wie Staat, Zeremonialarchitektur oder Urbanisierung keine notwendigen Vorbedingungen für die Entstehung von Schrift sind. Auch im Alten Ägypten war Schrift bereits einige Jahrhunderte lang in Gebrauch, bevor die Pyramiden zwischen 2600 und 2500 v. Chr. als typische Form der Monumentalarchitektur des Alten Reichs errichtet wurden. Die Schrifttechnologie entfaltete sich ganz offensichtlich unabhängig von der handwerklichen Spezialisierung im Bauwesen.

Die neueren Erkenntnisse der Zivilisationsforschung legen die Schlussfolgerung nahe, dass die Motivationen für die Einführung von Schrifttechnologie lokal divergent und variantenreich waren und die Schriftevolution nicht an den Bedingungen eines vermeintlichen Prototyps (nämlich den mesopotamischen Schriftanfängen) orientiert war. Wenn es zutrifft, dass Schrift mit visuellen Mitteln ebenso viele Inhalte zum Ausdruck bringt, wie wir sie mit unserer Sprache ausdrücken können, dann kann Schrift ebenso viele Funktionen erfüllen wie Sprache. Schrift dient ebenso wie Sprache der Sinngebung, allerdings mit unterschiedlichen Mitteln. Im Kontrast zur Oralität der Sprache in ihrer gesprochenen Form stellt Schrift eine visuelle Ausdrucksform bereit für Ausdeutungen der Welt und unseres Daseins. Das Frühstadium der Schrift verdeutlicht nach Martin (1994: 4) »das menschliche Bedürfnis, seinen Ausdeutungen der äußeren Umwelt eine visuelle Form zu geben, diese Ausdeutungen festzuhalten und ihnen konkreten Ausdruck zu verleihen, um sie besser zu bestimmen, Besitz von ihnen zu ergreifen und sich mit den übersinnlichen Kräften gedanklich auszutauschen«.

Diese Auslegung der Motivation für die Entstehung von Schrift bietet Spielraum für sowohl praktisch-ökonomische als auch religiös-sakrale Dimensionen des Zeichengebrauchs:

- Religiös-sakrale Funktionen wie in den alteuropäischen Weihinschriften und in den altchinesischen Orakelinschriften (Haarmann/Marler 2008b);
- Praktisch-ökonomische Funktionen wie in den altsumerischen Texten der Tempelbürokratie (Cooper 2004).

In der historischen Retrospektive wird deutlich, dass die Alternative des Schriftgebrauchs in religiös-sakralen Funktionen tiefer in das Kontinuum der Kulturgeschichte zurückgreift (und zwar ins 6. Jahrtausend v. Chr.) als die Verwendung der Schrifttechnologie für praktische Zwecke, deren Anfänge im 4. Jahrtausend v. Chr. liegen.

Im Horizont der Zeit fächert sich das Spektrum der funktionalen Bedingungen der Schriftentwicklung (engl. first writing) in den lokalen Zivilisationen folgendermaßen aus:

- Donauschrift mit sakraler Funktion (Inschriften auf Kultobjekten, weiblichen Statuetten und Spinnwirteln, dokumentiert seit dem ausgehenden 6. Jahrtausend v. Chr.);
- Schrift im prädynastischen Ägypten in der funktionalen Dualität der Beschriftung von Siegeln mit Angaben zur Herkunft der Grabbeigaben und von Votivinschriften auf Grabstatuen (dokumentiert seit ca. 3300 v. Chr.);
- Altsumerische Piktographie (Vorstufe der Keilschrift) im Dienst der Tempelbürokratie der frühen mesopotamischen Stadtstaaten (dokumentiert seit ca. 3150 v. Chr.);
- Proto-elamische Strichschrift im Dienst der Palastbürokratie (dokumentiert seit ca. 3050 v. Chr.);
- Alte Indus-Schrift mit Verwendung auf Siegeln und Miniaturtafeln (aus

Ton, Steatit oder Kupfer), häufig assoziiert mit mythologischen Motiven (dokumentiert seit ca. 2600 v. Chr.);

- Altchinesische Orakelschrift mit ausschließlicher Verwendung für Zwecke der Divination (Beschriftung von Schildkrötenpanzern, Schulterblattknochen und Beinknochen von Hirschen; dokumentiert seit ca. 1200 v. Chr.);
- Olmekische Schrift im »Kautschukland« am Golf von Mexiko zur Verwendung in religiös-rituellen Kontexten (dokumentiert auf Kultobjekten seit dem ausgehenden 2. Jahrtausend v. Chr.).

Wie das Konzept einer modernen Schriftforschung unter Berücksichtigung der Donauschrift (alteuropäischen Schrift) aussehen kann, dies hat Christa Dürscheid in ihrer »Einführung in die Schriftlinguistik« (2006) veranschaulicht. Diese didaktische Studie wird als Standardwerk geschätzt. Die Neuerkenntnisse über die Donauzivilisation und ihre Institutionen verändern ebenfalls die Konzeptionen moderner Kulturtheorien (Türcke 2005, Haarmann 2007). Auch für kognitive Ansätze und die Geschichte der Informationstechnologie werden mit der Berücksichtigung des alteuropäischen Zeichensystems neue Akzente gesetzt (Watson 2005, Mayer 2009).

Fragt man sich, was man aus der Schriftgeschichte lernen kann, so dies, dass die menschliche Erfindungsgabe und die Fähigkeit, sich unterschiedlichen soziokulturellen Verhältnissen anzupassen, wesentlich dynamischer wirkt, als sich dies viele von uns vorstellen können. Die Experimente mit zivilisatorischen Institutionen – mit Schrift als ein Paradebeispiel – waren weitaus variantenreicher als die traditionelle Geschichtsbetrachtung dies wahrhaben will. Besonders aufschlussreich sind Neuerkenntnisse zur Symboltätigkeit des Menschen. Diese Fähigkeit – gleichsam als evolutive Vorbedingung für Schriftentstehung – reicht zeitlich weitaus tiefer ins Paläolithikum zurück als gemeinhin angenommen wird (Haarmann 2005).

Traditionen sind so lange wertvoll, wie sie Erklärungspotential für das Verständnis unserer Welt bereit stellen. Wird der Blick auf kulturhistorische Prozesse aber durch Stereotypen und Vorurteile versperrt, besteht Innovationsbedarf. Im Licht der neueren Erkenntnisse bleibt keine andere Alternative, als die traditionelle Schriftgeschichte zu demontieren und ganz neu aufzubauen. Zu diesem Neuaufbau gehört auch die Einbindung der Schrifttechnologie in eine Typologie von Kommunikationssystemen.

3 Schrift als Technologie und Kulturökologie

Fragt man Europäer oder Amerikaner, was Schrift sei und was Schreiben bedeute, ist die Antwort ziemlich gleichlautend. Auf dem Hintergrund des alltäglichen Umgangs mit Schriftlichkeit im euroamerikanischen Kulturkreis bedeutet Schreiben »Laute der Sprache mit den Buchstaben des Alphabets wiedergeben«. Dabei ist jeweils eine bestimmte lokale Sprache gemeint, die in einer bestimmten Variante des lateinischen Alphabets (wie in Westeuropa und in Amerika), des kyrillischen Alphabets (wie im Russischen und anderen slavischen Sprachen) oder in einem anderen Alphabet (z. B. arabisch, hebräisch, indisch) geschrieben wird.

Schrift war und ist nicht überall sprachgebunden, obwohl diese Vorstellung bei Europäern allgemein verbreitet ist. Der Zeichengebrauch unseres Alphabets basiert auf dem phonographischen Schreibprinzip, was soviel bedeutet als dass ein einzelnes Schriftzeichen (Buchstabe) einen bestimmten Einzellaut einer Sprache wiedergibt. Im Unterschied dazu stehen die Anfänge des Schriftgebrauchs in den alten Kulturen im Licht des logographischen Schreibprinzips. Das heißt, die Zeichen der Schrift sind – sprachunabhängig – direkt mit der Bedeutung von Wörtern assoziiert und im eigentlichen Sinn »Ideenträger«. Erst in einem langwierigen Prozess, der viele Jahrhunderte andauerte, entwickelte sich eine systematische und exklusive Koppelung von Schriftzeichen an Sprachlaute, was für uns moderne Alphabetbenutzer eine Selbstverständlichkeit ist (Haarmann 2008b).

Die meisten Inschriften aus dem Milieu der Donauzivilisation, der ältesten Zivilisation Europas, sind kurz und bestehen nur aus wenigen Zeichen (Abbildung 1, S. 22). Allerdings gibt es auch längere Sequenzen mit mehr als zehn oder sogar zwanzig Zeichen (siehe Kapitel 3). Die Kürze der Inschriften kann niemanden verwundern, der mit alten Schriften zu tun hat. Inschriften, die lediglich aus zwei oder sogar nur einem Zeichen bestehen, sind aus der Frühzeit aller Regionen bekannt, wo Originalschriften entstanden sind. Die ältesten Zeugnisse ägyptischer Hieroglyphen sind kurze Aufschriften auf Siegeln, auf den altsumerischen Tontafeln finden sich außer Zahlzeichen nur wenige eigentliche Schriftzeichen (zumeist Benennungen von Waren und Gütern), die ältesten chinesischen Orakelinschriften bestehen ebenfalls nur aus wenigen Zeichen, und die Schriftlichkeit der präkolumbischen Olmeken verbleibt die längste Zeit im Stadium der Manifestation alleinstehender Piktogramme.

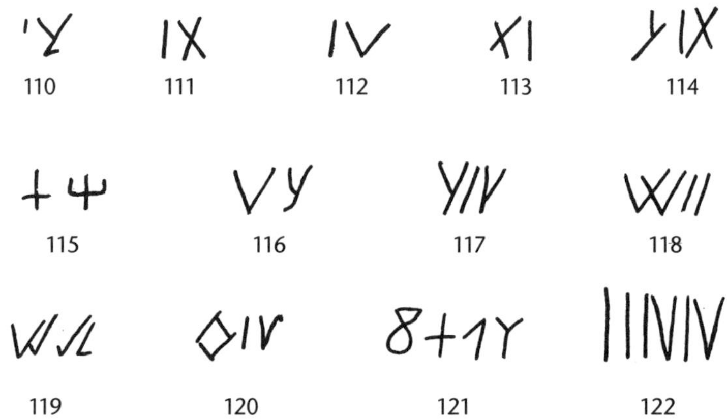

Abbildung 1: Kurze Inschriften auf Tongefäßen von neolithischen Fundorten Südosteuropas (Areal der Vinča-Kultur; 5. Jahrtausend v. Chr.); (nach Winn 1981: 298)

Die Konvention kurzer Inschriften hat sich im Fall der Donauschrift über Jahrhunderte erhalten, sodass die Anzahl längerer Inschriften in allen Perioden deutlich geringer war als die der Kurzinschriften. Es gibt eine andere Schriftkultur, die sich durch ähnliche Proportionen ihrer Textkorpora auszeichnet, und dies ist die alte Indus-Zivilisation. Auch hier dominieren Inschriften, die aus einem, zwei oder drei Zeichen bestehen. Die Ein-Zeichen-Inschriften waren der Ausgangspunkt für die Entzifferungsprojekte, und Asko Parpola, der diesbezüglich am weitesten gelangt ist, hat aus der Existenz von Ein-Zeichen-Inschriften die Schlussfolgerung gezogen, dass die Zeichen der Indusschrift als Logogramme verwendet wurden (Parpola 1994: 84 f.). Da in einer Inschrift jeweils ein Bedeutungsgehalt wiedergegeben wird, und die kleinste sprachliche Einheit, die Bedeutung trägt, das Wort ist, muss also in einer Ein-Zeichen-Inschrift das Zeichen ein Ganzwortzeichen sein. Eine entsprechende Argumentation ist auch im Fall der Ein-Zeichen-Inschriften der Donauregion schlüssig.

Es gibt noch ein weiteres Argument für das logographische Schreibprinzip, und dies gilt sowohl für die Donau- als auch für die Indusschrift. Beide Schriftsysteme operieren mit mehreren Hundert Zeichen und dieser Sachverhalt ist entsprechend dem logographischen Schreibprinzip folgerichtig. Wenn ein Logogramm den Wert eines Ganzwortzeichens besitzt, werden Hunderte von Einzelzeichen benötigt, um die elementaren Begriffe für den Zweck einer visuellen Kommunikation bereitzustellen.

Je weiter sich der Schriftgebrauch in den verschiedenen Sparten visueller Kommunikation verzweigt, desto größer ist die Zahl der Zeichen in logographischen Schriftsystemen. Die Zusammensetzung sowie der Umfang der Zeicheninventare sind kulturspezifisch. Die folgenden Vergleichsdaten sind geeignet, die Proportionen logographischer Zeichensysteme zu illustrieren:

Indusschrift	–	ca. 400
Donauschrift	–	> 700 (mit sämtlichen regionalen Zeichenvarianten)
Altsumerische Piktographie	–	ca. 770
Altelamische Strichschrift	–	< 1000
Ägyptische Hieroglyphen	–	700–1000 (Altes Reich)
Altchinesische Orakelschrift	–	> 1400

Phonographische Systeme bestehen aus einer geringeren Zahl von Einzelzeichen, einfach deshalb, weil die Anzahl möglicher Silbenstrukturen und die Zahl der Sprachlaute, die in einer Sprache auftreten, weitaus begrenzter ist als die Anzahl der Wörter. Deshalb setzen sich Silbenschriften und Alphabete aus weniger Zeichen zusammen als logographische Systeme. Die assyrische Keilschrift operiert mit weniger als 200 Zeichen, die elamische Keilschrift verwendet 113 Zeichen, das altkretische System Linear A unterscheidet 120 Zeichen und die altzyprische Silbenschrift (Kyprisch-Syllabisch) kennt 55 Zeichen.

Die Zahl der Buchstaben in den Alphabetschriften der Welt liegt deutlich darunter. Eine minimale Zeichenzahl (13) wird zur Schreibung des Tahitianischen und Hawaiianischen verwendet. Ein maximales Inventar von Buchstaben charakterisiert die armenische Schrift, in der 38 Einzelzeichen unterschieden werden. Die Zahl der Buchstaben in allen anderen Alphabeten – historisch oder gegenwärtig – liegt zwischen den obigen Extremwerten von Minimum und Maximum.

Wenn man sich mit Menschen aus anderen Teilen der Welt über Schrift und Schriftlichkeit unterhält, kann man Überraschungen erleben, und die Auffassungen darüber, was Schreiben und Lesen bedeuten, weichen von denen der Europäer unter Umständen markant ab. Dies gilt insbesondere im chinesischen Kulturkreis. Die Perspektive, mit der Schrift aus der praktischen Erfahrung mit chinesischen Schriftzeichen (Charakteren) betrachtet wird, setzt andere Schwerpunkte. Schreiben mit chinesischen Charakteren bedeutet »Ideen und Bedeutungsinhalte von Wörtern sichtbar machen«. Die Assoziation mit den Sprachlauten ist von sekundärer Bedeutung, obwohl sich eine solche Beziehung im Lauf der chinesischen Schriftgeschichte ebenfalls entwickelt hat. Dies ist die Technik des sogenannten Rebus, was bedeutet, dass phonetische Besonderheiten der Aussprache eines Wortes durch Zusatzzeichen gekennzeichnet werden (Boltz 1996: 194 ff.).

Bei der Betrachtung von Schrift haben wir es mit zwei Grundprinzipien in der Orientierung zu tun. Das eine Prinzip ist die phonetische Schreibweise (Phonographie), das andere die inhaltsbezogene Schreibweise (Ideographie, Logographie); (Dürscheid 2006: 64 ff.). In der Schriftforschung besteht keine Einigkeit darüber, ob Ideographie und Logographie identische Begriffe sind oder ob sie verschiedene Aspekte eines Grundphänomens beschreiben. Am Beispiel der chinesischen Schrift kann man aufzeigen, dass bestimmte Zeichen naturalistische Motive wiedergeben. Dies assoziiert eher den Begriff der Ideographie. Andere Zeichen sind hochgradig stylisiert und abstrakt und lassen keine naturalistischen Ursprünge erkennen. In diesen Fällen ist es sinnvoll, von Logographie zu sprechen, wobei die Komponente Logo- (nach griech. *logos* ›Gedanke, Wort als Wiedergabe von Elementen der inneren Gedankenwelt‹) auf die Abstraktionsebene des Gedanklichen verweist. In dieser Studie wird Logographie als übergreifender Begriff verwendet, der ebenfalls Phänomene von Ideographie im engeren Sinn einschließt.

Die Phonographie und die Logographie sind Schreibprinzipien, die aufgrund ihrer andersartigen Orientierung – an der Lautstruktur der Sprache einerseits, am Gedanklich-Bedeutungsmäßigen andererseits – unabhängig voneinander funktionieren. Wie die Schriftgeschichte zeigt, kommen in vielen historischen Schriftsystemen – und zwar in den voralphabetischen Schriften – beide Grundprinzipien kombiniert zur Anwendung. Beispielsweise operiert die Schriftlichkeit im Alten Ägypten mit einer Kombination von Logogrammen (Ganzwortzeichen), Determinativen (Markierungen von Wortklassen) und Lautzeichen (verschiedene Serien von Hieroglyphenzeichen, den Zwei-, Drei- und Vier-Konsonantenzeichen).

Leistung und Funktion komplexer Kommunikationssysteme

Wie wir alle von den Alphabetschriften wissen, funktionieren diese grundsätzlich ohne die Beteiligung von Logographie. Zum Inventar der Vielzahl von Alphabeten in Geschichte und Gegenwart gehören Lautzeichen, keine Ganzwortzeichen. Der Sachverhalt, dass in vielen modernen Schriftkulturen auch Logogramme verwendet werden (z. B. das Zeichen &, das je nach Sprache ›und‹, ›and‹, ›et‹, ›y‹, ›ja‹ usw. gelesen wird), bedingt aber keine Abhängigkeit des Systems der Lautzeichen vom Ideenprinzip. Dies kann man in solchen alphabetischen Schrifttraditionen feststellen, wo die Verwendung des Zeichens & nicht verbreitet ist (z. B. in Rumänien).

Von Schriftforschern wird immer wieder behauptet, dass zwar die Phonographie ohne Beteiligung der Logographie funktioniert, dass es aber keine reinen logographischen Systeme – d. h. ohne Beteiligung phonetischer Schreibweisen –

gäbe. In der Tat ist die moderne chinesische Schreibweise ein Mischsystem und zwar eine Kombination von Logographie als Basiskomponente mit Phonographie (Rebus) als Zusatzkomponente. Allerdings findet man rein logographische Systeme in der Kulturgeschichte der Schrift. Je weiter man in der Zeit zurückgeht, desto größer wird die Wahrscheinlichkeit für Schriftlichkeit, die exklusiv an der Logographie orientiert ist. Dies gilt insbesondere für die ältesten Stadien der Schriftentwicklung (first writing).

Für das Verstehen der Schrift- und Zahlzeichen auf den altsumerischen Tontafeln aus Uruk (aus der Periode zwischen 3150 und 2900 v. Chr.) sind keine sumerischen Sprachkenntnisse erforderlich, denn die Zeichen der altsumerischen Piktographie, die vor der Keilschrift verwendet wurde, sind sämtlich Logogramme und geben die Bedeutung von Wörtern, nicht aber deren Lautstruktur wieder. Auch die Inschriften auf den altchinesischen Orakelknochen (aus dem ausgehenden 2. Jahrtausend v. Chr.) kann man verstehen, ohne Chinesisch zu können. Damals gab es noch keine Schreibweise nach dem Rebusprinzip. Die Entzifferung der Orakeltexte wurde dadurch erleichtert, dass sich für rund 1400 der alten Schriftzeichen Parallelen im späteren Zeicheninventar ausmachen lassen. Insgesamt umfasste das alte Inventar über 2000 Zeichen. Von diesen sind aber mehrere Hundert Zeichen außer Gebrauch gekommen, sodass der Sinn dieser in der Geschichte der chinesischen Schrift »verschollenen« Zeichen mühsam aus dem Kontext der Inschriften zu rekonstruieren bleibt.

Auch für das früheste Entwicklungsstadium der Schrift im präkolumbischen Amerika gilt das Primat der Logographie ohne Beteiligung phonographischer Schreibweisen. Derart stellt sich die olmekische Schriftkultur dar, die Mutter aller späteren altamerikanischen Schriften (Schriften der Maya, Zapoteken, Tolteken, Azteken und Mixteken) sowie die Isthmus-Schrift in der Region am Golf von Mexiko. In einem sekundären Entwicklungsschub schufen erst die Maya eine syllabische Komponente für ihre Schrift, die sich als Mischsystem von Logogrammen und Silbenzeichen darstellt (Coe 1992).

In Anbetracht der hier angeführten Beispiele für reine Logographie verdichtet sich der Eindruck, dass es sich dabei um ein archaisches Entwicklungsstadium der Schriftentwicklung handelt. Dies wird besonders im Fall der chinesischen Schrift mit ihrer langen, kontinuierlichen Tradition offensichtlich, wo die ursprüngliche Exklusivität der Logographie in späteren Entwicklungsphasen durch die Ergänzung des Rebus durchbrochen wurde. Allerdings wäre es ein Trugschluss, wollte man aus solchen Beobachtungen ableiten, dass das Vorkommen reiner Logographie auf geschichtliche Perioden beschränkt bleibt und es in der Moderne keine rein logographischen Schriften gäbe. Dies trifft nicht zu.

In besonderem Maße beeindruckend ist die Kontinuität der exklusiv logographischen Schrift der Naxi, deren frühesten Schriftdokumente aus dem Mittelalter stammen. Die Naxi sind eine zahlenmäßig kleine Minderheit im südlichen China. Ihr kulturelles Zentrum ist Lijiang in der Provinz Yünnan. Unabhängig von der Entwicklung der chinesischen Schriftzeichen haben die Naxi eine logographische Sakralschrift entwickelt, mit der Ritualtexte aufgezeichnet wurden und werden.

Es gibt Schriftforscher, die behaupten, man könne Namen nur in phonetischer Schreibweise wiedergeben, und dass dies die Entwicklung alter Schriften zwangsweise in Richtung einer Phonetisierung geführt hätte. Die Schrift der Naxi löst das Problem der Namenschreibung auf ganz eigene Art und Weise. Beispielsweise werden die Namen von Völkern mithilfe ethnographischer Marker unterschieden. In den Schriftzeichen für Personen erkennt man die Zugehörigkeit zu einer bestimmten ethnischen Gruppe an der für diese Gemeinschaft typischen traditionellen Kopfbedeckung oder Haartracht. Mit dieser Schreibtechnik können Namen wie ›Naxi‹, ›Mongole(n)‹, ›Chinese(n)‹ usw. bezeichnet werden, ohne die Notwendigkeit, auf eine phonetische Schreibung von Namenformen zurückzugreifen (Haarmann 2010a).

Die obigen Erläuterungen zur Dualität der Schriftprinzipien verdeutlichen, dass Definitionen von Schrift, die sich ausschließlich auf die Lautwiedergabe von Sprache beziehen, zu eng gefasst sind und wichtige Komponenten der voralphabetischen Schriftentwicklung ignorieren. Für das Verständnis der Funk-

Abbildung 2: Typologie visueller Zeichensysteme (nach Haarmann 2007: 102 f.)

Angewandte Prinzipien oder Techniken	Die Assoziation von Bildern mit narrativen Sequenzen	Die Assoziation von Schreibtechniken mit Ideen oder Lauten	
	Ideencluster	Einzelideen oder -begriffe	
	Bezug zu einer vollständigen Äußerung	Bezug zur konzeptuellen Basis	Bezug zur Lautstruktur
Bildlich	Bild als Repräsentanz einer Ideensequenz	—	—
1. Piktographisch	—	Bild als Repräsentanz einer bestimmten Idee	—
2. Ideographisch	—	Ikonische Zeichen symbolisieren ein individuelles Konzept	—
3. Logographisch	—	Abstraktes Symbol als Äquivalent für einen bestimmten Begriff	—
4. Syllabisch	—	—	Konventionelles Zeichen als Äquivalent für eine Silbe
5. Alphabetisch	—	—	Konventionelles Zeichen für einen einzelnen Laut

a) Typologie der Schreibprinzipien

tionsweisen früher Schriftsysteme ist eine Ausdehnung des Terminus »Schrift« auch auf solche Schriftstadien erforderlich, die exklusiv logographisch sind oder in denen Logographie vorherrscht. Dies trifft auf den Entwicklungsstand gerade der ältesten Schriften der Kulturgeschichte zu.

Die Geschichte der Schrift ist die Geschichte einer allmählichen Annäherung visueller Zeichensysteme an die Lautsysteme der Sprachen, die damit geschrieben werden. Dieser Annäherungsprozess zieht sich über mehrere Jahrtausende hin und ist erst im späten 2. Jahrtausend v. Chr. abgeschlossen, als sich immer mehr lokale Varianten von Alphabetschriften ausbilden. Die alphabetische Schreibweise nach dem Prinzip »1 Zeichen = 1 Sprachlaut« repräsentiert die höchste Entwicklungsstufe im Sinn einer Spezialisierung auf exklusive Phonographie unter Ausschluss der älteren Logographie (Abbildung 2).

Angewandte Prinzipien oder Techniken	Visuelle Mittel zur Repräsentation	Erläuterungen
Bildlich		Kultureller Kontext: Symbol aus dem Walam Olum, der Stammeschronik der Delawaren, aufgezeichnet in der *kekinowin* genannten Technik der Wiedergabe mit bildlichen Symbolen Lesung: Manitodasin mokol witcemap »palpal!« payat payat wemitcemap Übersetzung: »Die Mondfrau rettete die Menschen und nahm sie in ihr Boot«
Piktographisch	 (Bild eines Steins)	Kultureller Kontext: Symbol aus dem Inventar der aztekischen Glyphen Lesung: tetl Bedeutung: »Stein«
Ideographisch	 (ein Fuß; Wasser das aus einem Krug fließt)	Kultureller Kontext: Ägyptische Hieroglyphe Lesung: wʿb Bedeutung: »rein«
Logographisch	&	Kultureller Kontext: Europäische Tradition der Literalität Lesung: *and* (Englisch), *und* (Deutsch), *et* (Französisch) Bedeutung: »und«
Syllabisch	み	Kultureller Kontext: Symbol aus dem japanischen Syllabar Hiragana Syllabischer Wert: *mi*

b) Techniken zur Realisierung von Schreibprinzipien

Alte Schriften und ihr kulturökologischer Stellenwert – Entzifferungs- und Interpretationsmethoden

Es gibt Entzifferungsversuche alter Schriften, bei denen der Schlüssel zur erfolgreichen Entschlüsselung des Zeichencodes darin lag, den einzelnen Schriftzeichen Lautwerte der jeweiligen Sprache zuzuordnen, die damit geschrieben wurden. Klassische Beispiele für diese Methode sind die Schriftentzifferungen der ägyptischen Hieroglyphen durch François Champollion in den 1820er Jahren, die Identifizierung des Mykenisch-Griechischen als Sprache, die mit Linear B geschrieben wurde, durch Alice Kober und Michael Ventris in den 1950er Jahren, und die endgültige Entzifferung des Systems der Maya-Glyphen durch Michael Coe Anfang der 1990er Jahre.

Es gibt andere Entzifferungsversuche, wo es sinnlos ist, den Zeichen einer unbekannten Schrift Lautwerte einer Sprache zuordnen zu wollen, wenn sich herausstellt, dass die Zeichen den Wert von Logogrammen besitzen. Kenntnisse des Lautsystems des Sumerischen und seiner Wortstrukturen brachten die Entzifferung der Texte auf den ältesten sumerischen Tontafeln nicht voran, denn diese Texte sind mit Piktogrammen ohne Lautwert geschrieben. Da die Konturen der mit den Piktogrammen bezeichneten Objekte in hohem Grad stilisiert sind, konnte man die Bedeutung vieler Zeichen nur mithilfe von Wortlisten aus späterer Zeit näher bestimmen. Die sumerische Piktographie wurde bis um 2700 v. Chr. verwendet und dann durch die Keilschrift ersetzt.

Auch für die Lesung der altchinesischen Orakelinschriften helfen Kenntnisse des Chinesischen nicht weiter, denn die Lautformen chinesischer Wörter wurden nicht bezeichnet, wohl aber deren Bedeutung. Der Bedeutungsinhalt der altchinesischen Zeichen musste aus dem Kontext und aus dem graphologischen Vergleich mit späteren Zeichenformen erschlossen werden. In solchen Fällen, wo kein Vergleich möglich ist – dies gilt für Zeichen aus der Periode der Orakelinschriften, die außer Gebrauch kamen – kann allein der Kontext für eine Deutung weiterhelfen. Und diese Deutungen sind häufig fragmentarisch.

Angesichts der praktischen Erfahrungen bei der Entzifferung logographischer und phonographischer Zeichensysteme ist es ratsam, voreilige Schlussfolgerungen über das Schreibprinzip zu vermeiden, wenn man sich daran macht, eine unbekannte Schrift zu entziffern. Es ist also nicht ratsam, von vornherein nach Lautäquivalenzen einzelner Zeichen mit irgendeiner Sprache suchen zu wollen. Dies hieße, das Pferd von hinten aufzuzäumen, und das macht kein Pferdekenner. Je älter das unbekannte Schriftsystem, desto größer die Wahrscheinlichkeit, dass seine Zeichen logographisch, und nicht phonographisch sind.

Die Donauschrift gehört zu denjenigen Zeichensystemen, die noch nicht entziffert sind. Diese Feststellung erweckt beim Leser verständlicherweise Skepsis und wirft viele Fragen auf. Wenn man die Bedeutung von visuellen Motiven einer alten Kultur, die auf Artefakte gemalt oder in deren Oberfläche eingeritzt sind, nicht kennt, woher will man wissen, dass es sich um Zeichen einer Schrift handelt? Um behaupten zu können, dass es sich um Schrift handelt, muss der Nachweis erbracht werden, dass der Zeichengebrauch systematisch ist, und dass einzelne Zeichen in ein Beziehungsnetz eingebunden sind, in das eine größere Zahl anderer Zeichen ebenfalls integriert ist. Kann dieser Nachweis für den Zeichenschatz in den alten Donaukulturen erbracht werden?

Die prinzipiellen Bedingungen für eine Identifizierung der alteuropäischen Zeichen als Schriftsystem sind gegeben und dabei handelt es sich um folgende Sachverhalte:

Eine Identifizierung als Schrift aufgrund negativer Kriterien

In jeder Kultur, ob historisch oder gegenwärtig, gibt es eine Vielzahl visueller Motive, die insgesamt ein semiotisches Makrosystem darstellen, und diese Motive bringen kulturelle Inhalte zum Ausdruck. Das Makrosystem konstituiert den äußeren Rahmen dafür, wie sich eine Kultur aus dem Zusammenspiel von Symbolen und Zeichen aufbaut. Innerhalb eines solchen Makrosystems bilden sich die verschiedensten Systeme mit speziellen Funktionen aus: (I) Repertoires ornamentaler und dekorativer Motive; (II) Gruppenorientierte und/oder individuelle Identifikationssymbole wie Embleme, Wappen und Besitzerzeichen; (III) Religiöse Symbolik; (IV) Zeichen für die Notation von Maßeinheiten (Gewicht, Inhalt, Fläche); (V) Numeralzeichen; (VI) Schrift; (VII) Töpferzeichen usw. (siehe Kapitel 4).

Jedes dieser Einzelsysteme funktioniert in einer Weise, dass bestimmte, systemimmanente Regularitäten aktiviert werden. Für die Verwendung von Ornamenten und Motiven im dekorativen Design gibt es in jeder Kultur bestimmte Vorgaben und diese orientieren sich an ästhetischen Konventionen sowie an den Prinzipien von Symmetrie und Repetition. Die Donauzivilisation hat ihr eigenes Gepräge, wozu auch ein feiner ästhetischer Sinn gehört. Dieser Sinn ist allerdings verschieden von dem, den wir Europäer aus der Tradition der griechisch-römischen Antike kennen. Die Platzierung und Gruppierung von Ornamenten auf neolithischen Artefakten in der Balkanregion verdeutlicht das Primat einer strengen Symmetrie in Verbindung mit Regularitäten einer repetitiven Reihung von Einzelmotiven.

Während bestimmte Motive wegen ihrer symmetrischen Ordnung oder Reihung – sozusagen »augenfällig« – als Ornamente erkennbar sind, gibt es andere Motive, deren Verwendung ebenso augenfällig außerhalb der Regularitäten steht, die für die Ornamentik auszumachen sind. Die Gruppierungen von Schriftzeichen sind dagegen asymmetrisch, ganz einfach deshalb, weil ihre Reihung vom Inhalt bestimmt wird, den sie zum Ausdruck bringen, nicht aber von ihrer äußeren Form. Ebenso wenig treten Schriftzeichen in symmetrisch geordneten Repetitionen auf, wie dies für Ornamente typisch ist (Abbildung 3).

a

b

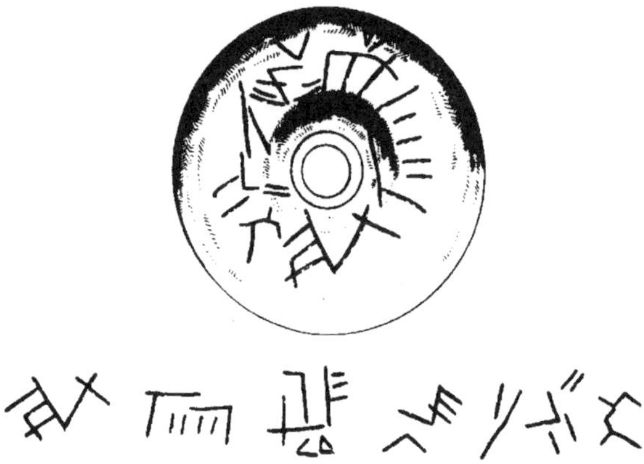

Abbildung 3: Ornamente und Schriftzeichen im Kontrast:
a) Repetitive ornamentale Motive auf neolithischen Webgewichten,
b) Lineare Zeichensequenz mit asymmetrischen Motiven
(nach Maxim 1999: 85; Gimbutas 1991: 313)

Bestimmte Kriterien der Kontextbindung von Motiven unterscheiden religiöse Symbole von Schriftzeichen und diese von Eigentumsmarken. Dies gilt ebenfalls für die Abgrenzung von Zahlzeichen und Schriftzeichen. Die Donauzivilisation kannte ein System von Zahlzeichen. Verwendet wurden zwei Basismotive, ein Strich (bzw. Balken) und ein Punkt, wobei über deren Bedeutungsgehalt als numerische Einheiten (Einser, Fünfer, Zehner, Zwölfer usw.) nur Vermutungen geäußert werden können (siehe Kapitel 4). Die Zahlzeichen teilen zwar mit den ornamentalen Elementen das Phänomen der Reihung – womit bei numerischen Begriffen höhere Zähleinheiten aufgebaut werden –, die Anzahl visueller Grundmotive ist im System der Zahlzeichen aber weitaus beschränkter als im Bereich der Ornamentik.

Eine Identifizierung als Schrift aufgrund positiver Kriterien

Das alles entscheidende Kriterium bei der Erforschung einer unbekannten Schrift ist deren in sich schlüssige Entzifferung. Jeder Schriftforscher wünscht sich für seine Arbeit ideale Bedingungen, wie sie François Champollion für die Entzifferung der Hieroglyphen beschieden waren. Ihm stand der Stein von Rosetta (gefunden 1799 nahe Rashid in Unterägypten) mit Paralleltexten in zwei Sprachen (Ägyptisch und Griechisch) und in drei Schriftsystemen (Hieroglyphisch, Demotisch, griechisches Alphabet) zur Verfügung (Andrews 1982).

Einen Rosetta-Stein zu finden, ist im Fall der Schrifttradition in Südosteuropa eine trügerische Hoffnung. Die Donauschrift ist rund zwei Jahrtausende älter als die altmesopotamische Schrift (die altsumerische Piktographie). Es gab demzufolge während der Blütezeit der alteuropäischen Schriftlichkeit keine parallele Schriftkultur. Dies bedeutet, dass keine kulturökologischen Bedingungen für die Entstehung zweisprachiger Texte in verschiedenen Schriftsystemen existierten.

Wenn auch eine Entzifferung im idealen Sinn nicht gegeben ist, können dennoch etliche Eigenheiten aufgezeigt werden, die eine Identifikation des alteuropäischen Zeichensystems als Schrift mit kulturell-spezifischem Gepräge plausibel machen. Zu diesen Eigenheiten gehören Kompositionstechniken des Zeichenrepertoires und Organisationsprinzipien der Zeichenverwendung in linearen Sequenzen. In vergleichender Perspektive stellt sich heraus, dass die meisten der rekonstruierbaren Eigenheiten der Donauschrift solche sind, die auch in anderen alten Schriften der Welt auftreten, allerdings in andersartiger Kombinatorik. Ähnlich wie bei der Entzifferung der altchinesischen Orakelinschriften ist auch im Fall der Donauschrift die kontextuelle Einbindung des Zeichengebrauchs (d. h. die Assoziation von Zeichen und Artefakten mit speziellen Funktionen) besonders aufschlussreich.

Es ist im Zusammenhang mit der Donauschrift spekuliert worden, dass deren Zeichen Vorläufer von Buchstaben moderner Alphabetschriften wären, die in Südosteuropa gebräuchlich sind. Serbische Nationalisten haben behauptet, das kyrillische Alphabet leite sich nicht von der griechischen Schrift ab, sondern basiere auf dem Zeichenschatz der Vinča-Kultur. Solche Annahmen sind ebenso spekulativ wie die Ansicht, wonach angeblich verschiedene Zeichenformen des griechischen Alphabets auf eine Herkunft aus der Donauschrift deuten. Die wenigen Zeichen, für die in der Tat eine Herkunft aus dem Zeichenschatz der altägäischen Linearschriften wahrscheinlich ist, sind die drei sogenannten »Zusatzzeichen« des griechischen Alphabets (*psi, phi* und *chi*). Diese Zeichen lassen sich nicht, wie die anderen, aus dem phönizischen Alphabet ableiten (s. Haarmann 1995: 136 ff.).

Frühe Experimente mit zivilisatorischen Institutionen im Kulturareal Alteuropas

Die Rolle der zentralen Wasserstraße für die Infrastruktur des neolithischen Wirtschaftsraums hat Forscher zu Beginn dieses Jahrhunderts inspiriert, die alteuropäische Hochkultur als Donauzivilisation zu benennen. Die Benennungen für die Hochkultur Alteuropas (Donauzivilisation) und für deren Schrift (Donauschrift) haben sich in den letzten Jahren immer mehr verbreitet. Dies gilt nicht nur für die deutschsprachige Literatur, sondern auch für die englische (vgl. Danube civilization, Danube script), russische (vgl. Dunajskaja civilizacija, Dunajskoe pis'mo) und italienische (vgl. civiltà del Danubio, scrittura del Danubio).

Die Benennungen »Alteuropa« bzw. »Donauzivilisation« sind übergreifende Begriffe, die sich auf Populationen mit konvergenten Institutionen, Kommunikations- und Wertesystemen sowie mit ähnlicher materieller Kultur und Kultursymbolik beziehen. Alteuropa als Interaktionsraum gliederte sich in mehrere regionale Kulturprovinzen aus: (I) Vinča (in Serbien, Bosnien, Albanien, Kosovo, Südungarn), (II) Karanovo (Bulgarien, Makedonien), (III) Cucuteni-Trypillya (Rumänien, Ukraine), (IV) Turdaş (Transsylvanien). Zu den Leitmotiven, die auf eine weite Verbreitung konvergenter religiöser Vorstellungen schließen lassen, gehören Figurinen (Statuetten) und drei- oder vierfüßige Miniaturaltäre (siehe Kapitel 5).

Bestimmte zivilisatorische Errungenschaften entfalteten sich in der Donauzivilisation früher als anderswo (Anthony 2009b). Dazu gehörte eine fortgeschrittene Arbeitsteilung mit weitgehender Spezialisierung der verschiedensten Handwerksbereiche: Keramikherstellung mit hochentwickelter Pyrotechnologie, Webtechnik und Textilherstellung, Kunsthandwerk (Formen der Kleinplastik), Sakralarchitektur (Altäre, Tempelmodelle), Metallverarbeitung (Kupfer seit dem 6. Jahrtausend v. Chr., Gold seit dem 5. Jahrtausend v. Chr.):

Töpferei (mit Glasiertechniken zur Herstellung hochwertiger Keramik; Breazu/Suteu 2007)

Als einer der Marker einer technologisch hochentwickelten Kultur wird u. a. hervorgehoben: »... technisch anspruchsvolle Töpferware, aus hochwertigen Tonsorten gemacht und bei sorgfältig kontrollierten Temperaturen gebrannt, ... Dutzende von verschiedenen Typen von Tonware (Schalen, Krüge, Töpfe, Konsolen zum Aufstellen von Töpfen, Vorratsbehälter usw.), die für eine zeremoniale Verwendung bei bestimmten sozialen (kommunalen) Anlässen hergestellt wurden; ...« (Anthony 2009a: 30). Das Töpferhandwerk produzierte neben Gebrauchskeramik sorgfältig ausgearbeitete anspruchsvolle Keramik mit Symbolwert. »Die aus Ton hergestellten Artefakte machten den Eindruck, dass sie eine große Symbolkraft als Prestigeobjekte besaßen, die bei rituellen Zeremonien gebraucht wurden, und sie förderten die soziale Interaktion als Handelswaren und Opfergaben. Als Handwerk im Umgang mit dem Feuer öffnete die Keramikherstellung den Weg für die Menschen, andere Technologien zu entdecken wie die Metallbearbeitung und Metallurgie.« (Gligor et al. 2007: 114)

Webtechnik und Textilherstellung (Barber 1991);

Kunsthandwerk (Kleinplastiken; Lazarovici 2005)

Das Eigenprofil der regionalen Kulturprovinzen ist an den Stilformen der Gebrauchskeramik und der darstellenden Kunst zu erkennen. Es gibt charakteristische Formen für jede der Regionalkulturen. Anhand der Kleinplastik kann dies veranschaulicht werden. Typisch für die religiöse Ikonographie der Vinčaregion sind Figurinen mit hybriden (d. h. anthropomorph-zoomorphen) Merkmalen. Dies sind weibliche Statuetten mit Vogelköpfen. Zu den charakteristischen Kunstformen der Karanovo-Kultur gehören fettleibige Figurinen, mit stummelhaften Köpfen ohne Gesichtszüge. Die Figurinen von den Fundstätten der Cucuteni-Trypillya-Kultur sind stark schematisierte Idole, die in ihrer abstrakten Formgebung den Kykladenidolen ähneln.

Variantenreich ist auch die Ornamentik der Keramik. Ein breites Spektrum dekorativer Motive ist in allen Regionen vertreten, darüber hinaus sind aber regionale Vorlieben für bestimmte Motive erkennbar. Beispielsweise wird das weit verbreitete Spiralmotiv im Dekor der Cucuteni-Keramik in komplexen Reihenmustern verwendet, eine ornamentale Technik, die für den Dekor von Gefäßen aus der Karanovo- oder Vinčaregion nicht typisch ist. Ein Leitmotiv der Vinča-Kultur sind Gefäßdeckel in Gestalt eines Eulenkopfes. Solche Deckelformen sind aus Karanovo oder Cucuteni nicht bekannt.

Sakralarchitektur (Kleinaltäre, Libationstische, Zeremonialplattformen, Lazarovici/Lazarovici 2007, Nikolov 2007);

Metallverarbeitung (Kupfer seit dem 6. Jahrtausend v. Chr., Gold seit dem 5. Jahrtausend v. Chr., Pernicka/Anthony 2009)

»Zu ihrer Zeit gehörten die Schmiede Alteuropas zu den Handwerkern mit den am weitesten entwickelten Fertigkeiten in der Welt und sie waren bestimmt die eifrigsten.« (Anthony 2009a: 29) Das Gesamtgewicht der Gerätschaften aus Kupfer beträgt fast fünf Tonnen (4.700 kg), und Schmuck, Idole und Applikationen aus Gold mit einem Gewicht von mehr als 6 kg sind bisher gefunden worden. Die Anfänge der Metallverarbeitung in Europa sind terminologisch in der Sprache der Alteuropäer dokumentiert und etliche dieser lexikalischen Elemente haben sich als Substrat im Altgriechischen erhalten (Hofmann 1966): altgriech. *metallon* ›Metall‹, *kassiteros* ›Zinn‹, *kibde* ›Metallschlacke‹, *chalkos* ›Kupfer‹. Der Ausdruck für Kupfer, *chalkos,* steht in Beziehung zu *chalke* (bzw. *kalche*) ›Purpurschnecke‹. Dies ist ebenfalls ein vorgriechisches Lehnwort. Der Name für Kupfer ist also in Anlehnung an die rötliche Farbe des Metalls gewählt worden (Haarmann 2006).

Kupfer wurde seit ca. 5500 v. Chr. in Alteuropa bearbeitet. Das Kerngebiet der Technologie der Metallverarbeitung lag in der karpatisch-balkanischen Region, und seit dem ausgehenden 6. Jahrtausend v. Chr. wurde Kupfer – als Rohstoff (Kupferschlacke) und in Form von Gegenständen aus diesem Metall – von Lagerstätten in Transilvanien exportiert. Es ist daher folgerichtig, dass die Ausdrücke für dieses Metall – wie überhaupt der allgemeine Terminus für ›Metall‹ – aus der Sprache der Alteuropäer stammt und nicht zum indoeuropäischen Erbwortschatz des Griechischen gehört. Aus Gold gefertigte Artefakte treten erstmals um 4500 v. Chr. auf. Die ältesten Objekte aus gehämmertem Goldblech sind Grabbeigaben aus dem Gräberfeld von Varna (Slavchev 2009).

Angesichts der formalen und stilistischen Variationsbreite von Objekten der materiellen Kultur könnte der Eindruck entstehen, als ob es sich um Regionalkulturen mit eigener Entwicklungsdynamik handele, wobei sich die Frage stellt, ob die Vorstellung von einem übergreifenden Zivilisationskonzept zur Charakteristik des neolithischen Spektrums in Südosteuropa berechtigt ist. Die hier identifizierten Regionalkulturen sind nicht nur als geographische Kontakträume zu verstehen, sondern sie repräsentieren auch verschiedene Entwicklungsstufen in der Kulturchronologie Alteuropas.

Die Kulturentwicklung in der Vinča- und Karanovo-Region hat tiefere Wurzeln als die im Cucuteni-Areal. Die älteste Kulturstufe von Vinča ist ein Fortsetzer der mesolithischen Lokalkultur von Lepenski Vir und Vlasac im Donautal. Diese Kultplätze im serbisch-rumänischen Grenzgebiet wurden im 7. Jahrtausend v. Chr. angelegt. In jene Periode sind ebenfalls die Anfänge der Karanovo-Kultur zu datieren. Auf dem Kontinuum der südosteuropäischen Kulturchronologie ist die Regionalkultur von Cucuteni vergleichsweise jünger als Vinča oder Karanovo. Die Kulturstufe von Cucuteni nimmt erst im Lauf des 5. Jahrtausends v. Chr. Eigenprofil an. Die Cucuteni-Kultur strahlte ins Gebiet der Ukraine aus, wo sich die jüngste aller Regionalkulturen entfaltete, die von Trypillya (Tripolye in der älteren russischen Namengebung). Siedlungen der Trypillya-Kultur hatten bis ins 3. Jahrtausend v. Chr. Bestand (Videjko 2008: 34 ff.).

Monumentalarchitektur ist nur an wenigen Fundstätten nachzuweisen, so in Parţa in Transilvanien (Lazarovici et al. 2001). Parallel zur Spezialisierung in den Handwerksbereichen lassen die visuellen Kommunikationssysteme der Donauregion eine Tendenz zur Spezialisierung erkennen. Im Verlauf des 6. vorchristlichen Jahrtausends erweitert sich das Repertoire elementarer Kultursymbole und verdichtet sich entsprechend den Strukturprinzipien eines archaischen Schriftsystems (Haarmann/Marler 2008b).

Das Kulturmilieu, in dem sich seit dem ausgehenden 6. Jahrtausend v. Chr. eine frühe Schrifttradition mit sakralen Funktionen entfaltete, entspricht nicht dem konventionellen Modell einer Zivilisation im Sinne der Checkliste von Gordon Childe. Die Donauzivilisation repräsentiert das Ökumene-Modell einer frühen Hochkultur unter sozioökonomischen Bedingungen, wie sie mit der alten Indus-Zivilisation vergleichbar sind. Was die soziokulturelle Einbettung der visuellen Kommunikation betrifft, so ähneln sich die Verhältnisse der Donauzivilisation und Altchinas während der Shang-Dynastie am meisten. Im Hinblick auf die Motivation der frühen Schriftverwendung weichen die Bedingungen in Südosteuropa und China markant von denen in Mesopotamien und Ägypten ab. Im Kreis der frühen Zivilisationen mit ihrem variantenreichen Spektrum hochkultureller Marker ist die Donauzivilisation die älteste, und sie hat nachweislich auf nachfolgende Kulturen ausgestrahlt, wie auf die altägäischen der Bronzezeit (Haarmann 1995: 49 ff.).

Die materielle und geistige Kultur der frühen Agrargesellschaft in Südosteuropa ist in den Werken von Marija Gimbutas (1982, 1989, 1991) rekonstruiert und materialreich dokumentiert worden. Gimbutas hat den Namen »Old Europe« als Oberbegriff für verschiedene neolithische Regionalkulturen verwendet. Old Europe ist in der hochkulturellen Charakteristik, die Gimbutas mit dem Namen assoziiert hat, in den Kanon der Zivilisationsforschung aufgenommen worden.

»Zu seiner Blütezeit, um 5000–3500 v. Chr., stand Alteuropa im Prozess der Entfaltung vieler politischer, technologischer und weltanschaulicher Merkmale von »Zivilisation«.« (Anthony 2009a: 29)

Die Existenz einer frühen Hochkultur für Europa ist von vielen Traditionalisten bestritten worden. Die Idee von Alteuropa als Hochkultur ist neuerlich in mehreren Studien – unabhängig voneinander – bestätigt und bekräftigt worden, u.a. in einer Grundlegung zur Kulturchronologie Südosteuropas (Haarmann 2006) sowie in einer monumentalen Dokumentation des Übergangsprozesses vom Neolithikum zur Bronzezeit im östlichen Europa (Anthony 2007: 162 ff.).

Bestimmte Faktoren gewährleisteten einerseits den Zusammenhalt der kommunalen Infrastruktur in den Regionalkulturen und förderten andererseits Ausgleichstendenzen in den Kontakträumen. Einer dieser Faktoren mit Schlüsselfunktion für eine gleichgerichtete sozioökonomische Entwicklung war das weit verzweigte Netz der Handelsbeziehungen. Alle frühen Zivilisationen haben sich in den Tälern großer Flussläufe entwickelt und dann auf angrenzende Regionen ausgestrahlt. Dies ist auch charakteristisch für den Entstehungsprozess der alteuropäischen Hochkultur. Die Donau war sozusagen das Rückgrat eines ausgedehnten Verkehrsnetzes, das sich bis weit in die Nebenflüsse verzweigte. Die Lage der neolithischen Siedlung Vinča (im Süden von Belgrad), deren kulturhistorischer Horizont namengebend für die bekannteste der Kulturprovinzen Alteuropas geworden ist, verdeutlicht die zentrale Rolle, die die große Wasserstraße für den Handel im Balkanraum gespielt hat. Waren, die im Tauschhandel von Vinča aus exportiert und von anderen Orten dorthin importiert wurden, sind über Transportwege in einem Radius von mehreren Hundert Kilometern bewegt worden.

Zu den ältesten Gütern, die als Waren schon im frühen Neolithikum (7. Jahrtausend v. Chr.) gehandelt wurden, gehörte Obsidian, dessen Transportwege sich von der Slowakei und Südungarn bis in die Balkanregion rekonstruieren lassen. Obsidian wurde auch von der Kykladeninsel Melos aufs Festland gebracht und von dort weiter ins Inland transportiert.

Von den Küsten der Ägäis stammen die zahlreichen Spondylus-Muscheln, die an vielen Siedlungsplätzen gefunden worden sind, und aus denen Schmuck, Statuetten und Gefäße hergestellt wurden. Die Anfänge für den Handel mit Spondylus-Muscheln werden in die Periode von 7500 bis 6500 v. Chr. datiert. Die frühen Handelsrouten gingen von der Ägäis aus, von der griechischen Küste ins Inland. Nach den Funden zu schließen, dehnte sich das Verteilernetz für Spondylus-Muscheln über ein weites Areal aus, dessen Außenposten weit über die engeren Grenzen der neolithischen Regionalkulturen in Südosteuropa hinaus reichen.

»..., wir können den Handel mit Spondylus(-Muscheln) archäologisch über fast dreitausend Kilometer verfolgen und auf diese Weise ein Bild von der Verbreitungsroute domestizierter Pflanzenarten wie Weizen, Gerste, Gemüsesorten, von Vieh und Schafen aufzeigen, von Griechenland aus mit seiner Ausdehnung zur Ägäis und zur Adria, wo die Muscheln gesammelt wurden, nordwärts bis Frankreich, Deutschland und Polen, wo man sie in der archäologischen Hinterlassenschaft von Siedlungen und Friedhöfen findet, in Gräbern und als isolierte Funde.« (Sefériadès 2009: 181)

Salz war eine andere begehrte Handelsware, dessen Abbaugebiete überwiegend in Bulgarien und Rumänien lagen (Cavruc/Chiricescu 2006) und dieser Rohstoff spielte wohl auch eine Schlüsselrolle für die Steppennomaden, die mit der ersten Wanderung der Kurgan-Leute um die Mitte des 5. Jahrtausends v. Chr. in die Region im Nordwesten des Schwarzen Meeres gelangten. In der Gegend von Varna gab es Salz, den begehrten Rohstoff, der in der Steppe knapp war, im Nordosten der Balkanregion dagegen mehr als ausreichend zur Verfügung stand (Nikolov 2008). Neuere Forschungen haben die ältere Migrations-

Theorie von Gimbutas bestätigt (Gimbutas 1991: 361 ff.) und den Nachweis erbracht, dass die Stoßrichtung der frühen Migrationen von Steppennomaden nicht zufällig auf die Regionen mit Salzvorkommen ausgerichtet waren (Haarmann 2010b).

4 *Die Donauschrift: Schreibprinzip, Infrastruktur, Zeichentypologie*

Parallel zum Austausch materieller Güter in den Regionalkulturen Alteuropas wurden auch Ideen und Wertvorstellungen von einem Ort zum anderen transferiert. In diesem Sinn entwickelten insbesondere die visuellen Kommunikationssysteme überdachende Funktion für die Gemeinschaftsbildung. Ein Repertoire abstrakter Grundmotive mit standardisierter Symbolik, die in der religiösen Ikonographie und in der Ornamentik auftreten, gehört zum Kanon der Fundschichten aller Regionalkulturen. Insbesondere die weite Verbreitung identischer Motive als Komponenten der visuellen Kommunikationssysteme deutet auf gleichartige Bedingungen der sozialen Lebenswelt in den regionalen Bevölkerungsgruppen und auf die Verbindlichkeit kongruenter Wertvorstellungen.

Kommunikationssysteme der Donauzivilisation und die Rolle der Schrift als integrative Technologie

Das Zivilisationsniveau der frühen Agrargesellschaft in Südosteuropa definiert sich nicht allein nach ihren erfolgreichen Experimenten mit Schrifttechnologie, sondern auch nach dem Zusammenwirken von Schrift mit den verschiedenen anderen, nicht schriftgebundenen Kommunikationssystemen. Entsprechend der funktionalen Distribution der Symbole und Zeichen und ihrer Einbindung in unterschiedliche semiotische Repertoires lässt sich die Donauzivilisation als Vernetzung folgender visueller Systeme charakterisieren:

① Figurative und abstrakte Motive auf Tonstempeln (pintaderas)

Dieses Zeichensystem illustriert in besonderer Weise, welche zentrale Bedeutung Kultursymbole für die Interaktion in sozialen Gruppen und für die Identifizierung des Individuums in den kommunalen Gemeinschaften der neolithischen Gesellschaft hatten. Die Stempel hatten sehr wahrscheinlich vielfältige Funktionen. Damit wurden Kultursymbole mit Farbe auf die Haut gestempelt (body painting), als Muster auf Textilien gepresst (textile printing) und in den weichen Ton von Gefäßen eingedrückt (clay stamping), bevor diese hart gebrannt wurden. Das Zeichenrepertoire der Tonstempel ist relativ begrenzt und setzt sich aus bestimmten Basismotiven mit weiter Verbreitung zusammen (Abbildung 4a).

Abbildung 4a: Kultursymbole auf neolithischen Tonstempeln (pintaderas); (6. und 5. Jahrtausend v. Chr.); Motive und Stempelformen (nach Todorova/Vajsov 1993, tab. 227)

Die symbolische Bedeutung der gestempelten Motive war ebenfalls vielschichtig. Individuen konnten sich als Mitglieder in sozialen Gruppen identifizieren, die Symbole dienten auch zur Identifizierung von Sippen und deren Haushalten, sie wurden als Besitzermarken und Handwerkslogos verwendet. Im religiösen Bereich dienten die Stempel auch zur Reproduktion von Sakralsymbolen für die Zwecke ritueller Praktiken. Insbesondere die letztere Funktion macht einen bestimmten Sachverhalt plausibel, nämlich die Langlebigkeit von pintaderas. Einige der Stempel »lassen Anzeichen von langem Gebrauch und/ oder Abnutzspuren erkennen, was vielleicht auf eine fortgesetzte Verwendung in Ritualen oder für ökonomische Zwecke über einen längeren Zeitraum als die Lebensspanne eines Individuums hinweist« (Chapman 2000: 91). Für eine rituelle Funktion der Tonstempel spricht unter anderem der Sachverhalt, dass es Figurinen gibt, in deren Kopf – abgeflacht als Stempelfläche – Kultursymbole eingraviert sind (Abbildung 4b).

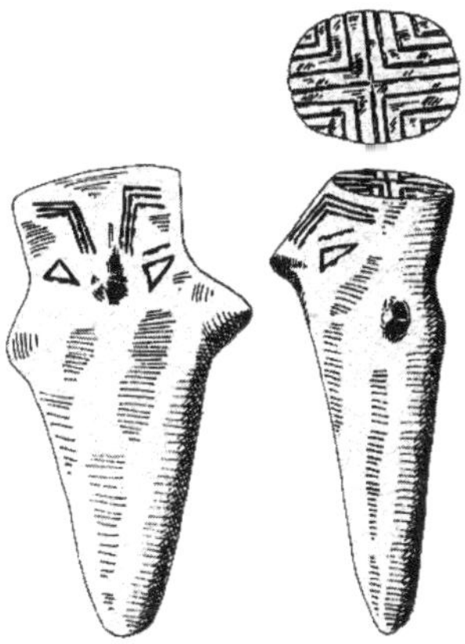

Abbildung 4b: Figurine mit Stempelmotiv (ca. 5000 v. Chr.)
(nach Gimbutas 1982: 91)

Tonstempel mit Kultursymbolen treten in den Fundschichten des frühen Neolithikums häufig auf. Ihr Vorkommen ist später selten und erst im ausgehenden Chalkolithikum (späte Kupferzeit) nimmt die Verwendung von pintaderas wieder zu. Eine befriedigende Erklärung für diese Schwankungen ist bisher nicht gefunden worden (Karte 1, S. 42).

Gimbutas (1989: 44) hat auf die besondere Rolle aufmerksam gemacht, die die Umrahmung der Motive spielt. Diese Motive werden von den Rändern der Stempel gleichsam eingerahmt und ihre symbolisch-kommunikative Funktion damit unterstrichen. Gimbutas deutet die Motive als Logogramme der »life-giving goddess« in verschiedenartiger ikonographischer Gestalt als Schlangen- oder Vogelgöttin.

Die Symbole auf den Tonstempeln finden Parallelen in den Motiven auf Objekten, die mit bestimmten Handwerksparten wie Spinnen und Weben, Keramikherstellung und Metallurgie assoziiert sind. In solchen Zusammenhängen liegt die Annahme nahe, dass die symbolische Rolle der Gottheit als Schutzpatronin mit Hilfe der betreffenden Motive »visualisiert« wird.

»Die Möglichkeit, dass die Göttin auch »die Handwerkssparten« und »die Künste« gewährte und beaufsichtigte, entspricht der Beobachtung, dass einige

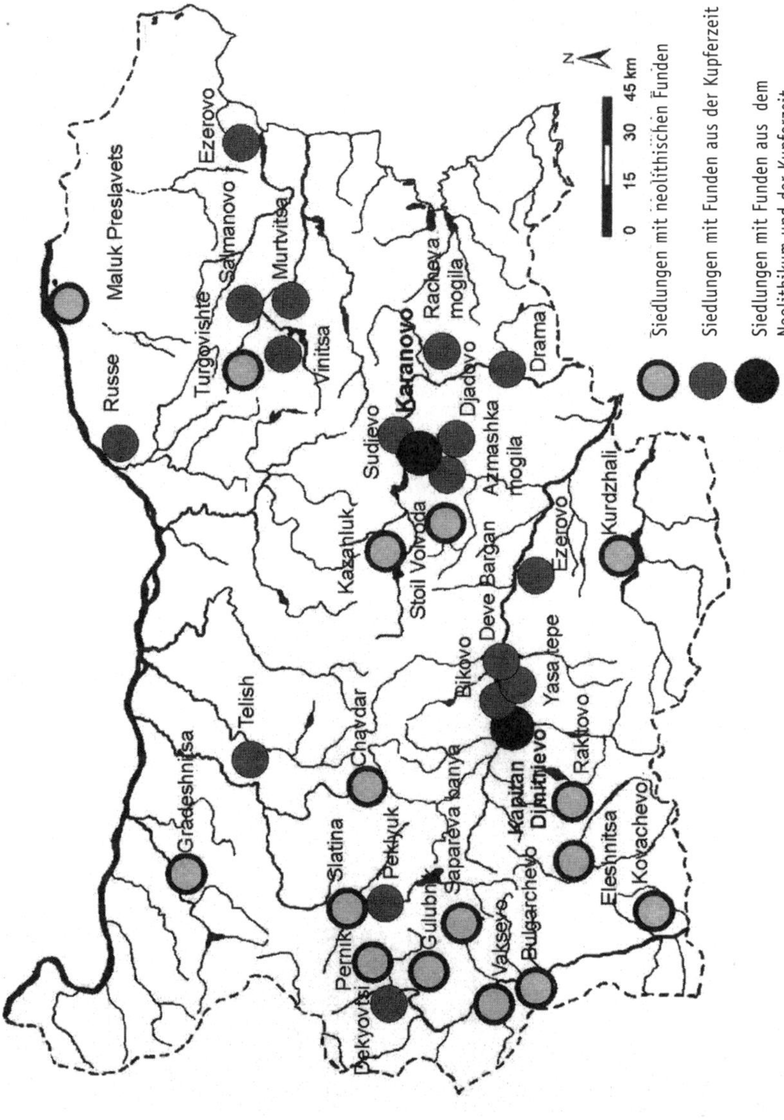

Karte 1: Die Verbreitung von Tonstempeln (pintaderas) in alteuropäischen Siedlungen auf dem Territorium Bulgariens (nach Dzhanfezova 2009: 149)

der von den pintaderas (Tonstempeln) bekannten Motive auch als Identifikationssymbole von Familien oder als Hersteller- oder Handwerkszeichen verwendet wurden, und auch als Gildezeichen in späterer Zeit (...), und dass sie eine Art dringlichen Wunsch zum Ausdruck bringen, den Segen oder die Zuwendung der Schutzpatronin für eine bestimmte Domäne der Kunst oder ein bestimmtes Handwerk zu erlangen« (Dzhanfezova 2009: 153).

Neuere ethnographische Forschungen haben den Nachweis erbracht, dass sich die Tradition der Tonstempel seit dem Neolithikum durch alle Perioden der Kulturgeschichte Südosteuropas bis heute kontinuierlich erhalten hat (Gheorghiu/Skeates 2008). Moderne technische Experimente mit Tonstempeln haben wichtige Einblicke in die Möglichkeiten ihrer Verwendung in der Frühzeit vermittelt.

② Kultursymbole und ornamentale Motive der sakralen Ikonographie

Die ornamentale Vielfalt auf Objekten mit sakralen Funktionen ist seit Jahren ausgiebig erforscht worden und inzwischen existieren auch verschiedene Datenbanken mit Dokumentationen über die Distribution der alteuropäischen Kultursymbole auf Figurinen, rituellen Gefäßen (Kultschalen und Libationsgefäße), auf Miniaturaltären und auf Tonmodellen von Schreinen und Tempelbauten.

Die Motive vermittelten symbolische Bedeutung, die weit über den ästhetischen Eindruck der ornamentalen Kompositionen hinausgeht, wie Magda Lazarovici in ihrer Untersuchung der Ornamentik auf Sakralobjekten der Cucuteni-Kultur nachgewiesen hat (Lazarovici 2005, 2009). Die Anzahl der Kultursymbole, die in der Ornamentik zur Anwendung kommen, ist größer als das Repertoire der Basismotive auf den Tonstempeln (Abbildung 5).

Abbildung 5: Kultursymbole als ornamentale Motive auf Figurinen und Objekten mit sakraler Funktion von Fundstätten der Cucuteni-Trypillya-Kultur (nach Lazarovici 2005: 152)

Gheorghe Lazarovici strebt mit seiner Datenbank an, die Distribution bestimmter Motive auf bestimmten Kategorien von Artefakten mithilfe statistischer Methoden zu präzisieren (Lazarovici 2008). Magda und Gheorghe Lazarovici haben ihre Daten koordiniert und die Distribution der Motive insbesondere für den Bereich der sakralen Architektur spezifiziert (Lazarovici/Lazarovici 2007).

③ Abstrakte Zeichen als Komponenten eines Systems numerischer Notation

Die Donauzivilisation bietet einige Rekorde im Hinblick auf die Entstehung früher Notationssysteme und die Existenz eines Ziffernsystems gehört dazu. Zum ersten Mal in der Kulturgeschichte führten die Experimente mit visueller Kommunikation dazu, dass ein Ziffernsystem parallel mit einem Schriftsystem in Gebrauch war (Haarmann 2008a: 75 ff.). Erst viel später ist die Verwendung paralleler Notationssysteme (d. h. Ziffernsystem + Schrift) aus Altägypten und Mesopotamien bekannt.

Die alteuropäischen Zahlzeichen werden separat von den Schriftzeichen verwendet und bilden eigene Gruppen. Hierzu gehören Punkt- und Strichzeichen (Winn 2009: 54 f.); (Abbildung 6).

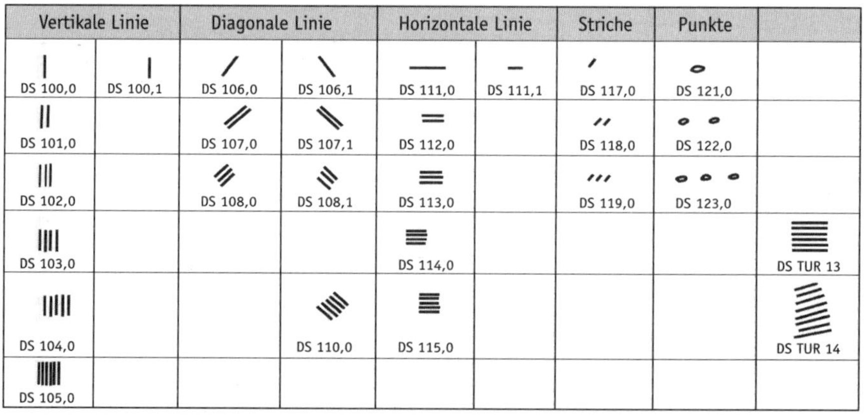

Abbildung 6: Alteuropäische Zahlzeichen und ihre Gruppierung auf Objekten von Turdaş (nach Merlini 2009b: 37)

Die Notation von Zahlbegriffen mithilfe von Punkt- und Strichzeichen ist in den alten Kulturen der Welt weit verbreitet. Welche Zahlenwerte sich allerdings mit den numerischen Basiszeichen assoziieren, bleibt rein spekulativ. Einiges spricht dafür, dass Punkte Einser und Striche entweder Fünfer- oder Zehnereinheiten bezeichnen. Winn (2009: 55) hat die Vermutung geäußert, dass in Alteuropa neben der Basis Zehn auch eine Basis Zwölf als Zähleinheit in Gebrauch war.

④ Abstrakte Motive und Zahlzeichen im Dienst kalendarischer Notation

Die Zahlzeichen treten in Kontexten auf, die auf numerische Notation deuten, und deren praktische Funktion stand sehr wahrscheinlich im Zusammenhang mit der Fixierung kalendarischer Informationen zur Zeitmessung, im Sinn der Abfolge saisonaler, für die Agrarwirtschaft wesentlicher Perioden im Vegetationszyklus. Ein Anhaltspunkt für kalendarische Notation ist die Anordnung von Zeichen in Bändern, wie auf der Unterseite eines Kultobjekts.

»Da man die Zeichen meist in waagerechten Bändern anordnete, ergaben sich aus ihren Reihen oft komplizierte Abfolgen, die sich möglicherweise auf Angelegenheiten bezogen, die bäuerliche Gesellschaften bewegten. Ihnen musste an einer regelmäßigen Zeiteinteilung gelegen sein, die durch den Verlauf der Gestirne und ihren Platz am Himmel vorgezeichnet war, von wo aus sie den Gang der Welt bestimmten« (Kruta 1993: 97); (Abbildung 7).

Abbildung 7: Zahlzeichen mit kalendarischer Funktion auf einem Kultobjekt der Karanovo-Kultur (5. Jahrtausend v. Chr.); (nach Kruta 1993: 100)

Die Existenz eines bäuerlichen Ritualkalenders in den Regionalkulturen Alteuropas ist durch neuere Forschungen bestätigt worden. Eine Reihe von Objekten mit sorgfältig aufgebrachten und verteilten abstrakten Motiven lässt auf die Verwendung eines Kalenders schließen, in dem wichtige, regelmäßig wiederkehrende Ereignisse vermerkt waren. Es gibt auch Hinweise darauf, dass es sich dabei wahrscheinlich um einen Sonnenkalender handelte, der sich am Jahresrhythmus der »Bewegungen« der Sonne (vom anthropozentrischen Standpunkt aus) orientierte (Abbildung 8).

Abbildung 8a: Eine Tonscheibe mit Punktreihen aus der späten Kupferzeit (Dolnoslav, Bulgarien; nach Stoytchev 1997: 30, 33)

Entsprechend dieser Interpretation waren die Ackerbauern in der Donauregion mit den Sonnenwenden (Sommer, Winter) ebenso vertraut wie mit den Zeitpunkten der Tag-Nacht-Gleichen (Frühjahr, Herbst). Die Anzahl der Punkte auf der Kalenderscheibe beläuft sich auf insgesamt 229, was als Tageszählung für ein rituelles Kalenderjahr gedeutet werden kann. Ähnlich begrenzt war auch der Ritualkalender der präkolumbischen Maya, die ›Ordnung der Tage‹ (*tzolkîn* in der klassischen Maya-Sprache). Dieser Ritualkalender umfasste 260 Tage, entsprechend einer Zählung von 20 Tagen für 13 Monate. Die 13 war eine heilige Zahl, und der *tzolkîn* wurde ursprünglich von den Hebammen verwendet, denn 260 ist die Spanne von der Empfängnis bis zur Geburt (Rice 2007: 31 ff.). Der profane Kalender (*ha'ab* genannt) hatte 365 Tage.

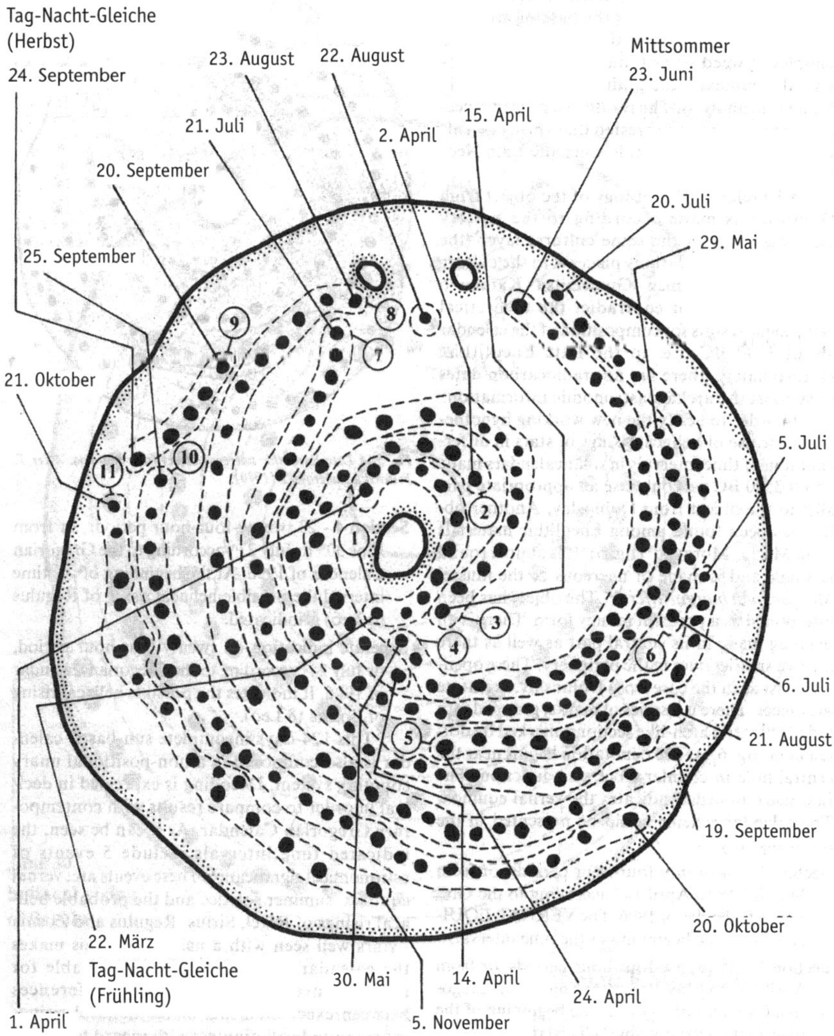

Abbildung 8b: Eine mögliche Deutung der Punktreihen

⑤ Zeichen zur Notation von Maß- und/oder Gewichtseinheiten

Unter den Fundstücken ist eine bestimmte Kategorie von Gewichten (aus Stein oder Ton), die nach ihrer äußeren Form keine Webgewichte sind, also nicht mit der Textilherstellung assoziiert sind. In die Oberfläche von einigen dieser Artefakte sind Zeichen eingraviert, was auf deren Funktion als Bezeichnungen von

Maßeinheiten hindeutet. Auf diese Kategorie von Zeichen hatte schon Winn (1981: 226 f.) hingewiesen (Abbildung 9).

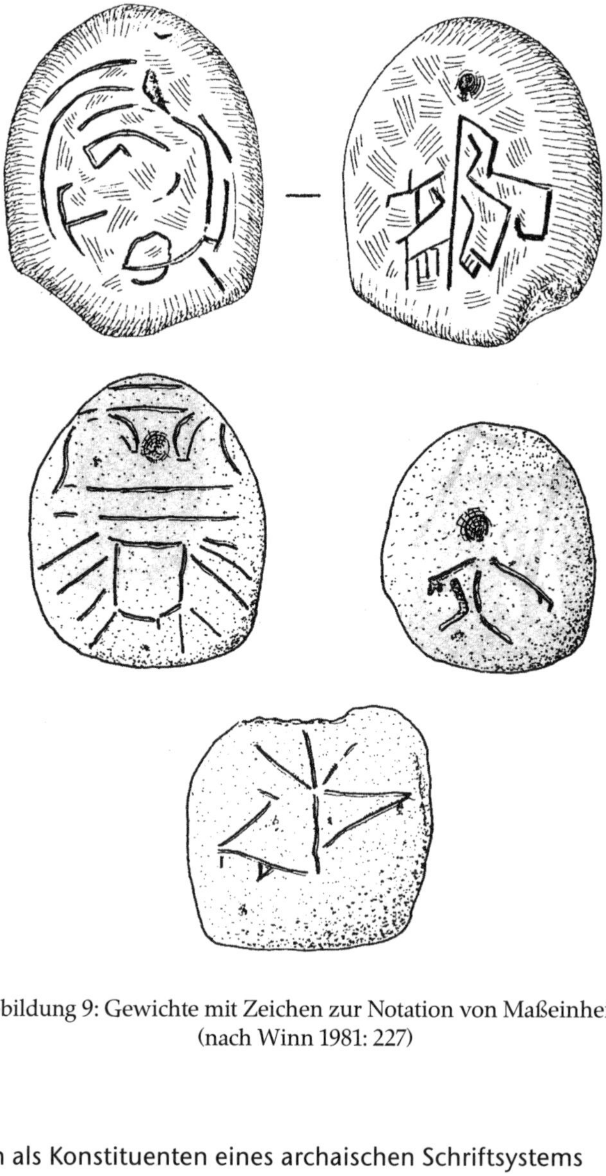

Abbildung 9: Gewichte mit Zeichen zur Notation von Maßeinheiten (nach Winn 1981: 227)

⑥ Zeichen als Konstituenten eines archaischen Schriftsystems

Die Zeichen, die zum Inventar der Donauschrift gehören, machen den größten Teil des gesamten alteuropäischen Zeichenrepertoires aus. Im Unterschied zu den wenigen Dutzend Basismotiven mit dekorativer Funktion und der ebenfalls begrenzten Zahl an Symbolen auf den Tonstempeln erweitert sich der Bestand an Schriftzeichen auf mehrere Hundert. Inventarisierungen des Zeicheninventars umfassen zwischen 200 und 700 Einzelzeichen (s. Haarmann 1995, Winn 2004, Tkachuk 2005, 2009, Lazarovici 2009, Merlini 2008, 2009a). Zu diesen Inventarisierungen gehört auch der erste Versuch überhaupt, den Zeichenschatz der Vinča-Region zu systematisieren (Winn 1981: 110 ff.). Obwohl Winn damals die Charakteristik als »pre-writing« wählte, bekräftigt derselbe Forscher unter dem Eindruck moderner Erkenntnisse der Schriftforschung neuerlich seine Überzeugung, dass es sich um Schrift und nicht um eine Vorstufe dazu handelt (Winn 2004, 2009).

⑦ Zeichen als Töpfer- oder Eigentumsmarken

Die Distribution der Zeichen auf Artefakten der Donauzivilisation weist markante Kontraste von Sichtbarkeit und intentionaler Verdecktheit aus. Die große Mehrzahl aller Zeichen ist an sichtbaren Stellen platziert. Dies gilt für die meisten der oben beschriebenen Systeme. Bestimmte Zeichen finden sich andererseits auf dem Boden von Gefäßen, also an Stellen, die bei der Handhabung solcher Objekte verdeckt bleiben (Abbildung 10; siehe auch die Platzierung der kalendarischen Zeichen auf dem Boden des Kultobjekts in Abbildung 7).

Abbildung 10: Alteuropäische Zeichen, die verdeckt auf Gefäßböden platziert sind (nach Winn 1981: 72, 78, Marler 2008: 96 f.)

Diese Kategorie von Zeichen (engl. basal signs) gehört, wie die anderen auch, zum Repertoire der visuellen Kommunikationssysteme. Allerdings weist ihre intentionale Platzierung an verdeckten Stellen eindeutig auf divergente Funktionen, d.h. von denen der sichtbaren Zeichen abweichend. Spontan würde man Zeichen in einer solchen Position mit Töpferzeichen oder Eigentumsmarken assoziieren und Annahmen über eine solche Funktion sind für den alteuropäischen Kulturkreis mit seiner technologisch hochwertigen und vielseitigen Keramikproduktion naheliegend.

Allerdings ist nicht auszuschließen, dass sich hinter der Verwendung der Kategorie der Zeichen auf Gefäßböden noch eine weitere symbolische Funktion verbirgt und zwar im Zusammenhang mit der Widmung von Votivgaben. Illustrative Beispiele hierfür sind aus der griechischen und etruskischen Schrifttradition bekannt. Votivinschriften wurden auf zweierlei Art auf Gefäßen platziert. Wenn der Stifter daran interessiert war, seine Widmung öffentlich kundzutun, mit der Intention, fremde Betrachter an seiner Verehrung für die betreffende Gottheit teilhaben zu lassen, wurde die Inschrift – gut sichtbar – auf der Gefäßwand platziert (Abbildung 11a). Falls der Stifter seine

Abbildung 11: Beschriftete Votivgefäße vom Aphroditetempel in der griechischen Kolonie Naukratis in Unterägypten (nach Cook 1990: 310)

a) offene Platzierung

Widmung sozusagen »für sich« behalten wollte, wurde der Widmungstext in den Boden der Votivgabe eingraviert oder auch am unteren Rand, in jedem Fall an Stellen, die verdeckt blieben, wenn das Gefäß aufgestellt war (Abbildung 11b). Widmungstexte beider Kategorien findet man in den zahlreichen antiken Heiligtümern.

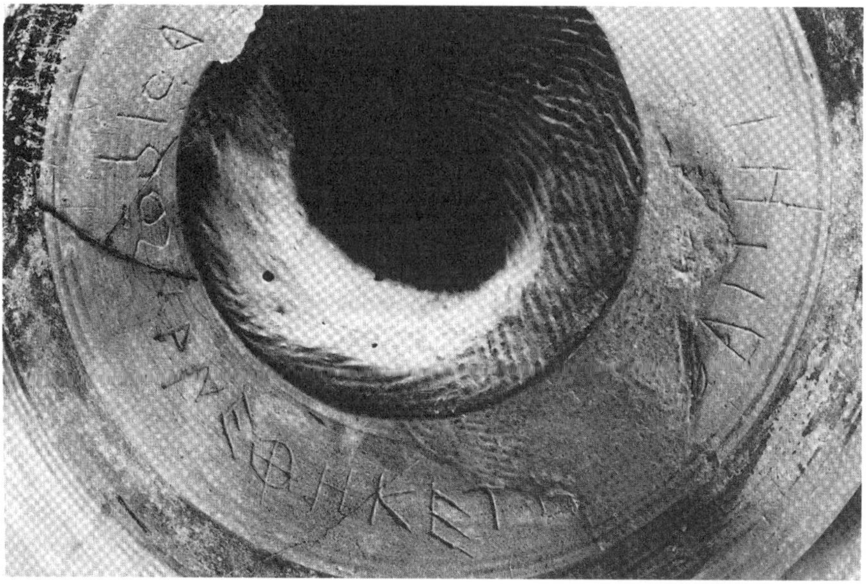

b) verdeckte Platzierung

Da die Bedeutung (bzw. der semantische Gehalt) der einzelnen alteuropäischen Zeichen bisher nicht schlüssig identifiziert werden kann, ist es nicht möglich, die Alternativfunktionen von Töpfermarken und Votivinschriften eindeutig zu differenzieren. Die kulturökologischen Bedingungen in den kommunalen Gemeinschaften der Donauzivilisation mit ihren spezialisierten Töpferwerkstätten und ihrem hochentwickelten Kultwesen machen die eine wie die andere der Zeichenfunktionen wahrscheinlich.

Die Differenzierung des Zeichengebrauchs zwischen der Domäne der Sichtbarkeit (mit Funktionen als Zahlzeichen, Masseinheiten oder Schriftzeichen) und dem Bereich intentionaler Verdecktheit (mit Funktionen als Marken von Töpferwerkstätten oder Votivinschriften) illustriert den hohen Grad an Komplexität, durch den sich die visuellen Kommunikationssysteme der Donauzivilisation auszeichnen. In ähnlicher Weise, wie die Parallelität unterschiedlicher Systeme für Zahlennotation und Schrift auf einen hochkulturellen Entwicklungsstand hindeutet, spricht auch die Dualität von sichtbarem und verdecktem Zeichengebrauch für zivilisatorischen Standard.

Die formative Periode der Donauschrift – Ursprung, Ausbau und Zusammensetzung des Zeicheninventars

Schriftsysteme entstehen nicht einfach aus dem Nichts. Überall in der Welt, wo frühe Zivilisationen entstanden sind, waren die Experimente mit Schrifttechnologie eingebettet in Traditionen visueller Kommunikationssysteme, die vorher in Gebrauch waren, die aber noch nicht den Charakter von Schrift hatten. Bevor um 3150 v. Chr. die ersten Tontafeln für das Rechnungswesen des Tempelarchivs in Uruk beschriftet wurden, existierte ein Rechnungswesen (engl. accounting system) mit Zeichen für die Zahlennotation und mit einem begrenzten Zeichensatz zur Bezeichnung von Handelswaren. Basiselemente dieses Repertoires wurden in das Zeicheninventar der altsumerischen Piktographie übernommen, deren Zeichenformen aber in der Hauptsache andere Quellen haben als die Motive des Rechnungssystems. Nachdem sich das Schriftsystem konsolidierte hatte, wurde das ältere Rechnungssystem nicht mehr verwendet.

Einer alten Volksweisheit zufolge macht eine (einzelne) Schwalbe noch keinen Sommer. Entsprechend gilt, dass das Vorkommen vereinzelter Motive auf prähistorischer Keramik noch nicht auf Schrift hindeutet. Schrift ist kein Sammelsurium von visuellen Motiven, sondern ein System, dessen Konstituenten in einem interaktiven Netz mit allen anderen Elementen desselben Systems fungieren. Empirische Erkenntnisse zur Infrastruktur früher Schriftsysteme verdeutlichen, dass zum Zeichenbestand mehrere Hundert Einzelzeichen gehören, die erforderlich sind, um ein dominant-logographisches oder exklusiv-logographisches System funktionsfähig zu machen (Haarmann 2010a).

Die Funde von früher Keramik aus Harappa, einer Stadt der Induszivilisation, aus dem 4. Jahrtausend v. Chr. in den 1990er Jahren erregte besondere Aufmerksamkeit deswegen, weil einige der dekorativen Bildmotive äußerlich den späteren Zeichen der Indus-Schrift ähneln. Voreilig gelangten einige Forscher zu der Schlussfolgerung, dass deshalb die Anfänge der Schrifttradition in der alten Induszivilisation auf jene Periode vorzuverlegen seien. Die Funde von Einzelzeichen lassen aber eben nicht diesen Schluss zu, sondern berechtigen nur zur Identifikation bestimmter Vorläufer für bestimmte Motive, die zu einem späteren Zeitpunkt in das Schriftsystem integriert wurden.

Ähnlich irreführend sind Ansichten, wonach sich chinesische Schriftzeichen bereits auf die äußere Gestalt bestimmter Ritzmotive auf Tongefäßen des 5. Jahrtausends v. Chr. zurückführen lassen und angeblich deshalb die Ursprünge der chinesischen Schrift in jene Zeit zu datieren wären. Die genealogische Rückführung bestimmter Einzelzeichen auf prähistorische Protoformen ist eine Sache, die Integration solcher visuellen Motive in den semiotischen Verbund eines später entstandenen Schriftsystems ist eine ganz andere Sache. Erst wenn sich eine größere Anzahl von Einzelzeichen funktionell zu einem Verbundsystem verdichten, und erst wenn dieses System visueller Marker intentional für die Wiedergabe von begrifflichen Inhalten mit Mitteilungscharakter aktiviert wird, ist die semiotische Entwicklungsstufe von Schrifttechnologie erreicht.

Diese Überlegungen zum Anfangsstadium der Schriftverwendung sind von besonderer Bedeutung in Zusammenhängen, bei denen es um eine erstmalige Verschriftung, d. h. um Primärschriften (engl. first writing) geht, also um die Beziehung visueller Symbole aus vorschriftlichen Stadien zum Zeichenschatz der Schriftperiode. Die Verhältnisse von späteren Schriftableitungen (d. h. von Sekundärschriften) sind überschaubarer, weil in solchen Fällen jeweils ein abgeleitetes Schriftsystem mit einer Basisschrift verglichen werden kann; z. B. die akkadische Keilschrift in ihrem Verhältnis zur sumerischen; das vietnamesische Nom-System zur chinesischen Schrift; das Verhältnis des griechischen zum phönizischen Alphabet.

Die Donauschrift gehört zur Kategorie der Primärschriften, also der originalen, nicht abgeleiteten Schriftsysteme. Vor der Donauschrift gab es kein anderes Schriftsystem in Südosteuropa und die Donauschrift ist auch nicht von außerhalb in die Donauregion importiert worden. Für jene Zeit (d. h. ausgehendes 6. Jahrtausend v. Chr.) sind auch nirgendwo sonst in der Alten Welt Experimente mit Schrifttechnologie nachzuweisen. Die Anfänge des Schriftgebrauchs in Altägypten und Mesopotamien liegen um 2000 Jahre später.

Noch vor wenigen Jahren konnte man kaum etwas Konkretes zu den Vorstadien sagen, aus deren Milieu sich die visuellen Kommunikationssysteme der Donauzivilisation – und insbesondere das Schriftsystem – entfaltet haben. Die Motivation für die Entstehung von Schrift in der Donauregion blieb lange Zeit mysteriös verklärt, und das Verständnis für die kulturelle Einbettung der semiotischen Prozesse der Prähistorie war bis vor kurzem diffus. Inzwischen aber existieren konstruktive Forschungsansätze, die eine Rekonstruktion der Übergänge ins Schriftstadium ermöglichen.

Keine Originalschrift der Alten Welt ist in einem kulturhistorischen Vakuum, sozusagen aus dem Nichts entstanden. Für alle Schriftsysteme der frühen Zivilisationen lassen sich visuelle Motive einzelner Zeichenformen als Vorbilder identifizieren. Dies bedeutet, dass es in jeder Originalschrift eine bestimmte Anzahl von Zeichen gibt, deren Form von Symbolen der vorliterarischen Periode inspiriert worden sind. Andererseits ist keine Originalschrift bekannt, deren Zeichenbestand vollständig auf ältere Bildmotive oder abstrakte Symbole gründet. Diese Diskrepanz erklärt sich in erster Linie mit der Schöpfung analoger Zeichenformen sowie mit der Ausbildung von Varianten bestimmter Grundformen. Analogie und Varianz sind wichtige Faktoren, deren Eigendynamik während der formativen Periode von Schriftsystemen zum Tragen kommt.

Die ikonographischen Quellen, aus denen Zeichenformen alter Schriften schöpfen, sind vielfältig und variieren entsprechend dem kulturellen Milieu ihrer Entstehung. Die bildhaften Herrschernamen auf den ägyptischen Min-Statuen von Abydos finden ihre Vorbilder in prähistorischen Clan-Zeichen. Ähnlich erklärt sich die Kontinuität von Clan-Zeichen im Zeichenrepertoire der altchinesischen Orakelschrift und der alten Indus-Schrift. Einige Dutzend der altsumerischen Piktogrammzeichen wurden offensichtlich aus dem Repertoire der Warenbezeichnungen des altmesopotamischen Rechnungssystems übernommen. Und der Zeichenschatz der olmekischen Schrift des ausgehenden 2. Jahrtausends v. Chr. in Mexiko greift auf mythische und magische Bildmotive der vorliterarischen Periode zurück.

Auch für die Komposition des Zeichenrepertoires der Donauschrift ist mit der Adaption von naturalistischen und abstrakten Motiven aus früheren Kulturstufen zu rechnen. Dies bedeutet konkret eine Kontinuität bestimmter Basismotive aus dem spätpaläolithischen und mesolithischen Kulturmilieu. Die Problematik der Übergänge von der Ära des Paläolithikums (Altsteinzeit) zu der des Neolithikums (Jungsteinzeit) ist ausgiebig diskutiert worden. Umstritten ist weiterhin die Frage, ob bestimmte kulturelle Traditionen der Altsteinzeit (z. B. bestimmte Kultursymbole mit weiter Verbreitung) bis in die Periode der Sesshaftigkeit überlebt haben, d. h. sich im Kulturschaffen der frühen Ackerbauern fortsetzen oder ob es einen radikalen Bruch mit älteren Traditionen gab, als die Menschen sich an Sesshaftigkeit und agrarische Lebensweisen gewöhnten. Für bestimmte Sequenzen der Kulturchronologie lassen sich Übergänge mit Kontinuität klar aufzeigen.

Was die Verflechtung der kulturellen Entwicklung vom Paläolithikum zum Neolithikum betrifft, weichen die Verhältnisse in Europa in mancher Hinsicht von denen im Nahen Osten oder in Anatolien ab. In den letzteren Zonen mit frühen Spuren von Pflanzenanbau findet man die elementaren Konstituenten des sogenannten »Agrarpakets« (agrarian bzw. Neolithic package) in chronologischer Abfolge an den Siedlungsplätzen. In Europa ist der Gang der Entwicklung komplexer. Die Keramikherstellung, eine der bedeutenden Innovationen des Neolithikums, beginnt in der Steppenzone Osteuropas bereits im 8. Jahrtausend v. Chr. (Davison et al. 2007: 145), allerdings ohne Zusammenhang mit dem Ackerbau, der erst Jahrhunderte später – aus ganz anderer Richtung – nach Südosteuropa gelangt. Dies bedeutet, dass die Alteuropäer im zentralen und östlichen Europa bereits die Töpferei kannten, bevor die Technologie des Pflanzenanbaus zu ihnen gelangte.

Innerhalb Europas gibt es markante Unterschiede zwischen Osteuropa und Westeuropa. In Westeuropa hört das Paläolithikum wesentlich früher auf als in Osteuropa, während andererseits der Ackerbau bereits tausend Jahre früher in Südosteuropa praktiziert wurde und viel später nach Westeuropa gelangte. Im südlichen Ural wurden noch im 12. Jahrtausend v. Chr. Höhlen ausgemalt (z. B. die Ignatevka-Höhle im Flusstal des Sim), während in Westeuropa diese Tradition bereits um 18000 v. Chr. ausläuft. Die jüngsten Spuren der paläolithischen Kulturstufe haben sich in Mezin (Ukraine) erhalten und datieren in die Zeit um 9000 v. Chr. Zu jener Zeit herrschte in Westeuropa längst das Mesolithikum vor.

Die relative zeitliche Nähe von auslaufendem Paläolithikum und frühem Neolithikum im östlichen Europa macht die Annahme eines Kulturtransfers wesentlich eingängiger als dies für Westeuropa postuliert werden könnte. In der Tat lässt sich eine chronologische Brücke für den Transfer elementarer Motive in der Kultursymbolik vom Motivschatz der altpaläolithischen Kulturstufe von Mezin über die mesolithisch-neolithische Übergangsphase der saisonal frequentierten Kultplätze am Eisernen Tor im Donautal aus der Zeit des 8. Jahrtausends v. Chr. (Lepenski Vir, Vlasac) und dem frühneolithischen Horizont der Vinča-Siedlungen aufzeigen (Haarmann 2005: 227 ff.).

In den drei Arealen mit ihrer kulturchronologischen Aufeinanderfolge findet man ähnliche Basismotive auf den Artefakten. Eines der häufig wiederkehrenden Motive ist der Mäander. Typisch für die archäologische Hinterlassenschaft von Vinča sind Figurinen mit Ritzzeichen, in ähnlicher Weise, wie dies die Artefakte von Mezin im Vergleich zeigen. Offensichtlich beruhte die Kombination von symbolischen Formen mit Manifestationen der darstellenden Kunst auf einer langen Tradition, bevor diese Gewohnheit von den frühen Ackerbauern in der Donauregion systematisch weiterentwickelt wurde.

Die Konturen der abstrakten Basismotive findet man auch in den Felsbildern Südosteuropas, was die Annahme einer paläolithisch-neolithischen Kontinuität in der Kultusymbolik zusätzlich bekräftigt. Was die Motivation betrifft, solche Basismotive auf verschiedenen Trägern (Naturstein, Artefakte aus Knochen oder Keramik) zu verwenden, so hat man eine Erklärung dafür wohl in den Gegebenheiten einer animistischen Weltanschauung zu suchen. Die Anfänge des Schamanentums, wie es bis heute im Norden Sibiriens lebendig ist (Haarmann/Marler 2008a: 64 ff.), werden auf die Vorstellungswelt der paläolithischen Jäger und Sammler zurückgeführt, und moderne neurophysiologische Untersuchungen zur Perzeption visueller Motive im Trancezustand bei Schamanen in Südafrika und Australien zeigen, dass gerade die abstrakten Basismotive eine zentrale Rolle für die Ausdeutung der symbolischen Interaktion zwischen Menschen und Geistern spielen (Lewis-Williams 2002: 126 ff.).

Das ikonographische Material von Mezin und Lepenski Vir spricht für die Existenz von Schamanentum und eine wesentliche Funktion der Kultursymbolik wird in Verbindung mit schamanistischen Ritualen gesehen. Demnach sind die Symbole zu identifizieren »als ›Zeichen aller Zeitepochen‹ (...), die mit religiösen Vorstellungen und Praktiken, mit Trancezuständen und schamanistischen Ritualen assoziiert gewesen sein können« (Budja 2005: 65). Sind die Zeichenformen auf dem zylinderförmigen Artefakt, das in Lepenski Vir gefunden wurde, vielleicht solche, die zum Kreis der allzeitlichen Motive gehören (Abbildung 12)? Es ist nicht bekannt, welche Funktion dieser runde, vertikal perforierte Gegenstand hatte. Wurde er vielleicht im Zusammenhang mit schamanistischen Ritualen gebraucht und war deshalb ein Utensil des lokalen Schamanen?

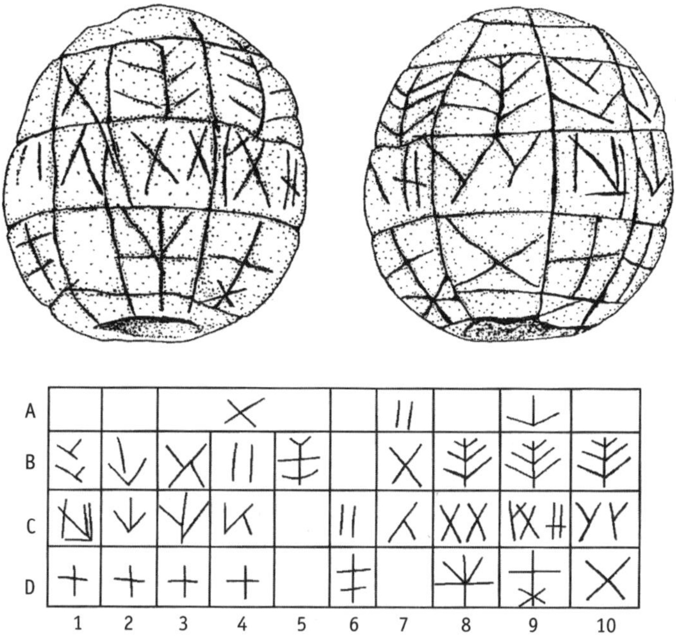

Abbildung 12: Zylinderförmiger Stein mit eingravierten abstrakten Motiven aus Lepenski Vir (6. Jahrtausend v. Chr.; Serbien) (nach Winn 1981: 259)

Die Identifizierung der Motive in Assoziation mit dem Schamanentum findet eine weitere argumentative Stütze in der Erklärung für die Entstehung und den Ausbau der überregionalen Handelskontakte. Artefakte, die von besonderem Wert für die Hüter des schamanistischen Wissens und animistischer Rituale waren, wurden als Prestigeobjekte über weite Distanzen gehandelt und von einer Generation zur nächsten weitergegeben. Zu diesen Prestigeobjekten gehörten u. a. Spondylus-Muscheln.

»Schamanismus bleibt als beste Erklärung dafür, warum bestimmte, aus Spondylus gemachte Objekte von einer Generation zur nächsten weitergegeben wurden, während andere, wie anthropomorphe und zoomorphe Figurinen, absichtlich zerbrochen und/oder verbrannt wurden« (Sériadès 2009: 187; siehe Kapitel 5 zur Rolle beschrifteter Figurinen).

Die Jäger und Sammler, die sich im Laufe des 7. Jahrtausends v. Chr. akkulturierten und agrarische Lebensweisen annahmen, gaben die Kultursymbole ihrer Vorfahren nicht auf, sondern integrierten sie in Systeme visueller Kommunikation. Für das sehr populäre V-Zeichen kann man den Übergang vom magischen Symbol der vor-agrarischen Schamanenkultur zum Kultursymbol (und späteren Schriftzeichen) der Ackerbauern ins 7. Jahrtausend v. Chr. datieren. »Der früheste bekannte Gebrauch von V-Zeichen, von sparrenförmigen (spitzwinkligen) Zeichen und der Spitzkeil sowie das Kreuzbandsymbol in einer rein begriffsorientierten Weise begegnet uns auf Siegeln des frühen Neolithikums (7. Jahrtausend v. Chr.); diese Art der Verwendung von Symbolen setzt sich fort während des gesamten Lebenszyklus Alteuropas und darüber hinaus« (Gimbutas 1989: 13).

Als Kultursymbole in innovativen Funktionen wurden die alten animistischen Motive später zur Quelle von Zeichenvariationen für das neu entstehende Schriftsystem der Donauzivilisation (Abbildung 13).

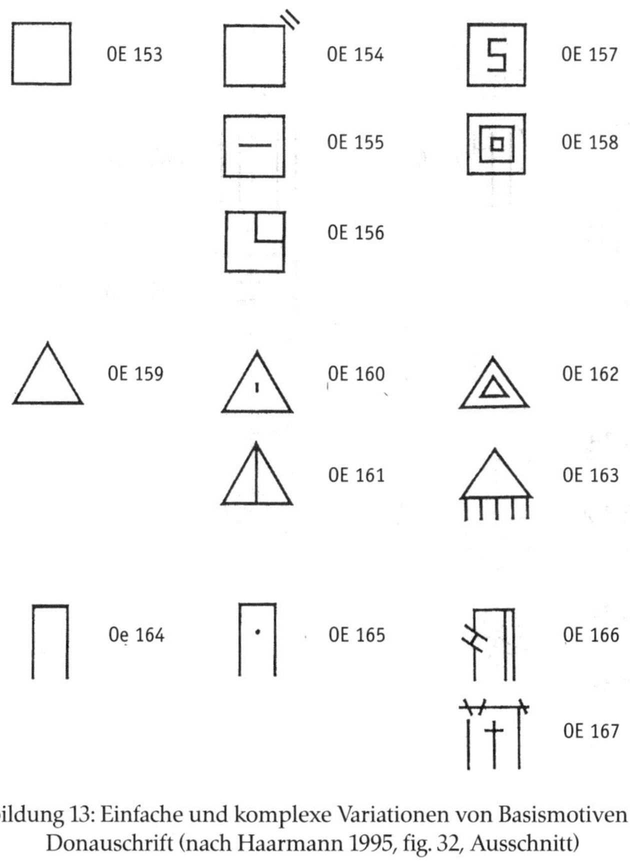

Abbildung 13: Einfache und komplexe Variationen von Basismotiven der Donauschrift (nach Haarmann 1995, fig. 32, Ausschnitt)

Der Übergang von der Kultustufe magisch-animistischer Symbolik zur Organisationsform visueller Kommunikation mit Schriftcharakter ist am frühesten für die zentrale Balkanregion und für das Kulturareal von Starčevo-Criş (Körös) festzustellen (Merlini 2009a: 469). Abgesehen vom hohen Alter der Schriftentstehung (ca. 5800 v. Chr.) deutet auch die geographische Lage im Inland Südosteuropas klar auf autochthone Ursprünge hin, d. h. ohne Ideentransfer von außerhalb Europas (Karte 2; Abbildung 14).

Karte 2: Die Kulturprovinzen der Donauzivilisation (nach Gimbutas 1991: 53)

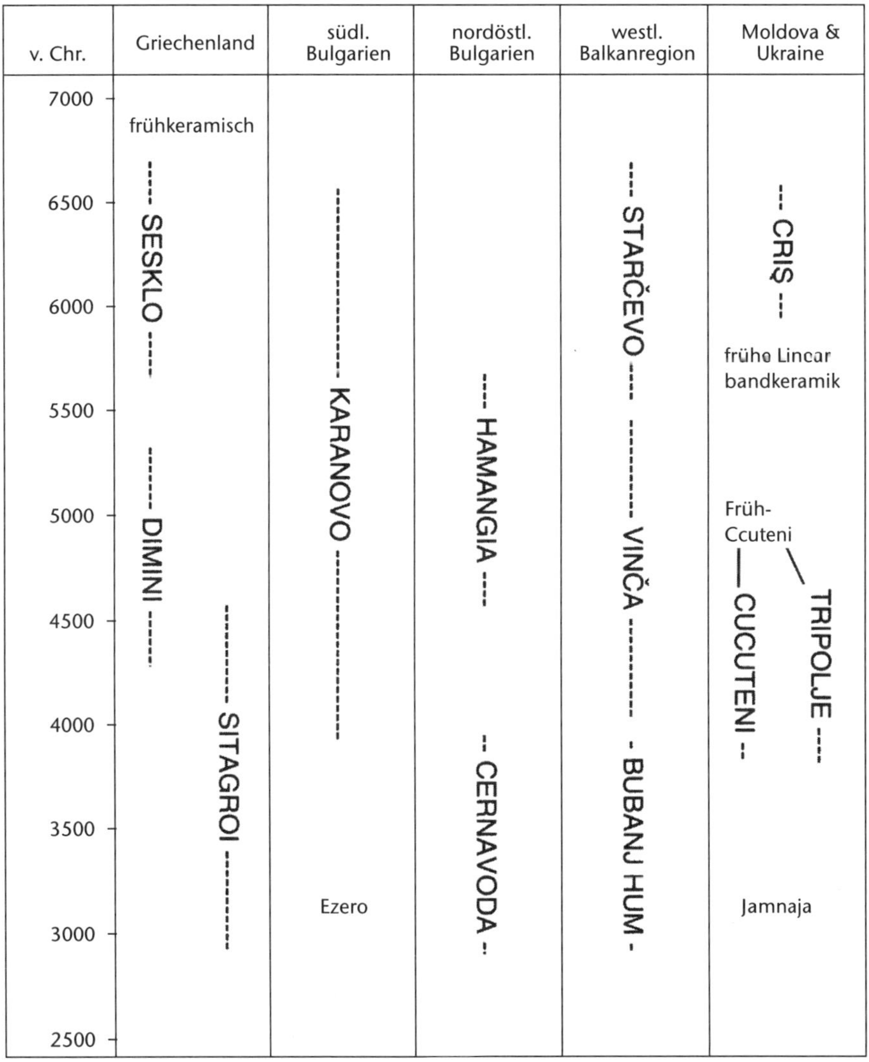

Abbildung 14: Kulturchronologie Südosteuropas (Neolithikum und Kupferzeit) (unter Verwendung von Daten in Gimbutas 1991: 437 ff., Bailey 2000: 13, Lazarovici/Merlini 2008: 45 u. a.)

Die Architektur früher Schriftsysteme und die Komposition des alteuropäischen Zeichenrepertoires

Im Reihenvergleich früher Schriftsysteme wird deutlich, dass sich deren Zeichenschatz aus Zeichen zweier verschiedener Kategorien zusammensetzt: (I) aus bildhaften (ikonischen) Zeichen; (II) aus nicht-bildhaften (an-ikonischen) bzw. abstrakten Zeichen. Hinsichtlich der Verteilung von Zeichen beider Kategorien in den Schriftsystemen gilt folgende grundsätzliche Feststellung: keine alte Schrift operiert ausschließlich mit bildhaften Zeichen, ebenso wenig gibt es Schriften mit ausschließlich abstrakten Schriftzeichen. Jeweils spezifisch für jede der Originalschriften ist die Art und Weise, in welchem proportionalen Verhältnis Zeichen der beiden Kategorien in der Gesamtkomposition des jeweiligen Zeichenrepertoires stehen.

Beispiele für Schriftsysteme mit einer Dominanz bildhafter Zeichen sind die ägyptischen Hieroglyphen und die altchinesische Schrift. Die Zeichen dieser Schriften geben naturalistische Motive in verschiedenen Graden einer Stilisierung wieder. In beiden Systemen ist die Zahl der abstrakten Zeichen weitaus geringer als die der bildhaften Symbole. Anders gelagert sind die Proportionen der altsumerischen Piktographie und der alten Indusschrift. Hier dominieren abstrakte Zeichenformen. Der hohe Grad an Abstraktheit ist eine besondere Herausforderung für jegliche Entzifferungsversuche, die im Fall der Lesung der Tontafeln aus Uruk nur erfolgreich sein konnten, weil Wörterlisten aus späterer Zeit existieren, in denen die alten Zeichen durch Keilschriftzeichen erklärt werden. Der größte Teil der Induszeichen verschließt sich bis heute einer Deutung, denn die hochgradige Stilisierung vermittelt in den meisten Einzelfällen keine schlüssigen Hinweise auf Assoziationen mit Dingen und Begriffen der damaligen kulturellen Umwelt.

Auch im äußeren Erscheinungsbild des alteuropäischen Zeichenschatzes ist Abstraktheit das dominante Strukturprinzip. Insofern begegnet man – wie auch im Fall der Indusschrift – ähnlichen Schwierigkeiten bei dem Versuch, kulturelle Assoziationen zur Identifizierung einzelner Zeichen der Donauschrift aufzuspüren. Lediglich ein kleiner Teil der alteuropäischen Zeichen ist bildhaft und lässt sich begrifflich lebenden Dingen oder Artefakten zuordnen.

Das Verhältnis von bildhaften und abstrakten Zeichenformen im Repertoire der Donauschrift ist folgendes (nach Haarmann 1995, fig. 32; s. Zeicheninventar im Anhang I):

Anzahl der Zeichen	Bildhafte Zeichen	Abstrakte Zeichen	Nummerierung
49	+	–	OE 1–49
26	hochstilisiert; möglicher bildhafter Ursprung;	–	OE 50–75
150	–	+	OE 76–231

OE = Old European (alteuropäisch)

Das Repertoire von 231 Zeichen ist ein Minimuminventar, in das zahlreiche Varianten nicht als selbstständige Zeichen aufgenommen worden sind. Es existieren zwei weitere Zeichenkataloge, deren Kriterien von denen bei Haarmann (1995) abweichen. Winn (1981: 110 ff.) führt insgesamt 210 Zeichen auf und im Katalog von Merlini (2009a: 454 ff.) werden 291 Zeichen unterschieden:

① Bildhafte (ikonische) Zeichen

Die Motive der bildhaften Zeichen illustrieren die natürliche und kulturelle Umgebung der Menschen in den Siedlungen der Donauregion. Diese Miniaturbilder sind hochgradig stilisiert, sodass Einzelheiten der dargestellten Dinge nur spärlich zu erkennen sind. Im Hinblick auf die Natur der abgebildeten Dinge lassen sich die Bildmotive folgenden Gruppen zuordnen:

- Tiere und Körperteile (z.B. Vogel, Katzenkopf?, Ziege?, Augenpaar mit umrahmenden geometrischen Motiven),
- Menschen (z.B. Figur mit gespreizten Beinen, Figur, die etwas in der Hand hält, Frauenfigur mit langem Rock?),
- Pflanzen (z.B. Baumstrukturen, Pflanze mit Stengel und Blüte),
- Geräte und Werkzeuge mit verschiedenartigen Funktionen (z.B. Hakenpflug?, Schöpfkelle?),
- Bauliche Strukturen und Konstruktionen mit verschiedenen Funktionen (z.B. Giebel eines Hauses?, Altar mit Opfergaben?, Bootsmodell mit Aufbau/Baldachin?),
- Naturphänomene (z.B. Sonne, Wasser, Fluss mit Ufervegetation?),
- stilisierte Bilder mit möglichem naturalistischen Ursprung, über deren Gestalt und Funktion derzeit keine verlässlichen Angaben gemacht werden können.

Die Bildmotive fügen sich zwanglos ein in die kulturökologischen Gegebenheiten der neolithischen Siedlungen im Donauraum und geben offensichtlich elementare Konzepte der damaligen Welt wieder.

Beispielsweise findet das komplexe Motiv des Augenpaars (OE 10) mit umrahmenden Winkelzeichen seine Parallele in der bildenden Kunst. Assoziativ am nächsten steht eine bestimmte, mit Deckel versehene Gefäßform aus dem Areal der Vinča-Kultur. »Diese reich mit Eulenaugen verzierten Krüge mit Deckeln sind eine Form von Keramik, die nur für die Vinča-Leute charakteristisch ist« (Gimbutas 1989: 52); (Abbildung 15).

OE 10

Abbildung 15: Das Motiv des Augenpaars als Schriftzeichen und als Element des ornamentalen Dekors von Keramik (Vinča-Keramik nach Gimbutas 1989: 46, 53)

Die Deckel in Eulenkopfform stehen wohl im Zusammenhang mit der spirituellen Symbolik einer Naturgottheit, die in einer Vielfalt von Varianten auftritt, mit sowohl anthropomorphen als auch zoomorphen Merkmalen, beispielsweise als weibliche Figur mit Vogelkopf oder Vogelmaske, auch mit Flügeln statt Armen u. ä. (siehe Haarmann/Marler 2008a zum Konzept der »hybrid imagery«).

Die kulturelle Begrifflichkeit, die in den elementaren Motiven aufscheint, lebt weiter in den Nachfolgekulturen des ägäischen Raums im Zeitraum vom 3. bis zum 2. Jahrtausend v. Chr. (siehe Kapitel 6); (Abbildung 16).

Abbildung 16: Vergleiche zwischen bildhaften Zeichen der Donauschrift und Motiven der religiösen Ikonographie in altägäischen Kulturen:

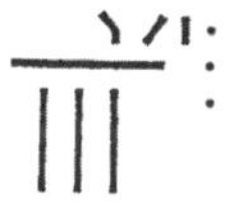

OE 21

a) Das Altar-Motiv

OE 22

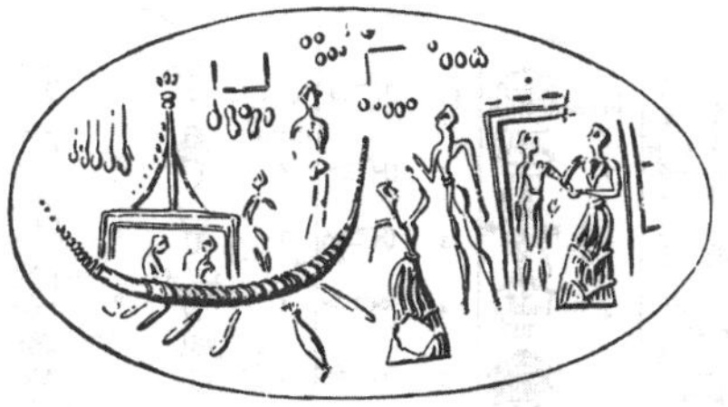

b) Das Boot-Motiv

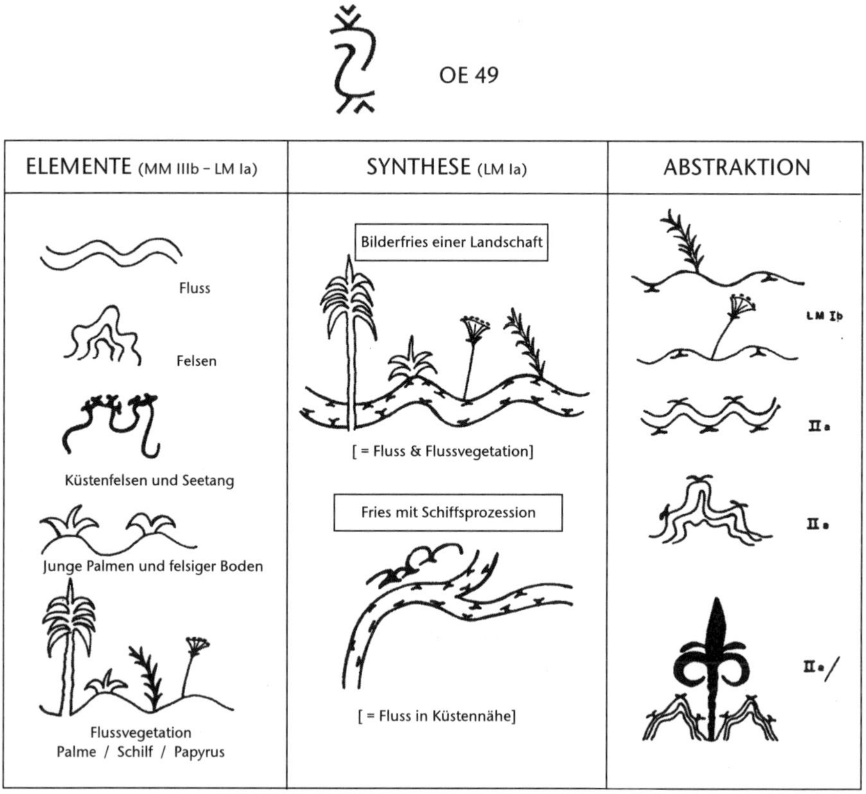

c) Das Motiv der Flussaue

Für das Motiv des Altars (OE 21), des Boots mit Aufbau (OE 22) und der Flussaue (OE 49) können Parallelen in der Ikonographie des minoischen Kreta und in den Fresken auf Thera (Santorini) aufgezeigt werden (Haarmann 1995: 35 ff.). Diese Hinweise auf balkanisch-altägäische Parallelismen bieten mehr als lediglich ethnographische Motivvergleiche. Die altägäischen Zivilisationen stehen in kulturchronologischer Abhängigkeit zur Donauzivilisation. Dementsprechend ist eine hohe Frequenz von Parallelismen im Repertoire ornamentaler Motive und der Schriftsysteme zu erwarten (siehe Kapitel 6 zu balkanisch-altägäischen Parallelismen im Repertoire der Schriftzeichen).

Was das ideographische Zeichen eines Bootes (oder Schiffes) mit einem überdachten Aufbau (OE 22) betrifft, so wurde damit offensichtlich ein Gefährt bezeichnet, das im Dienst einer rituellen Handlung stand. Diese Deutung bliebe rein spekulativ, wenn nicht das gleiche Motiv in entsprechenden religiösen Kontexten auftreten würde. Darstellungen von Kultschiffen, deren äußere Gestalt samt überdachtem Innenteil dem stilisierten alteuropäischen Zeichen verblüffend ähnlich sehen, sind aus der mykenischen Periode überliefert. Eine Abbildung ist ein Siegelbild auf einem goldenen Ring aus Tiryns, die andere das berühmte Schiffsfresko von Thera, aus der Ruinenstätte von Akrotiri. Das Siegelbild wie auch das Freskenmotiv stehen eindeutig in einem kultischen Kontext. Dies deutet auf eine Kontinuität des Schiffsmotivs in der gleichen kultischen Funktion über einen langen Zeitraum.

Ein zentrales Bildmotiv im religiösen Kontext der Donauzivilisation ist der Opferaltar. Ein solcher wird in einem der ideographischen Zeichen der alteuropäischen Schrift in stilisierter Form dargestellt. Parallele Abbildungen findet man im minoisch-mykenischen Kulturmilieu. Eine dem alteuropäischen Original bis ins Detail ähnelnde Darstellung eines Altars sieht man beispielsweise auf einem Siegelring, der aus dem Grab 91 in Mykene stammt. Hier sieht man eine Konstruktion, die sich in mehreren Ebenen erhebt. Die wellenförmigen Streifen deuten wohl auf Wasser, das vom oberen Rand des Altars herunterfließt. Auf beiden Seiten steht jeweils eine Frauengestalt, in ein Kultgewand gehüllt, das die Brust freilässt. Die minoisch inspirierte Szene ist als Opferhandlung gedeutet worden, und die beiden Frauen als Priesterinnen, die neben einem Altar in der Nähe einer Quelle stehen (Marinatos 1988: 171).

Wasser, das Lebenselixir, war ein wichtiges Element im alteuropäischen Kultleben. Heilige Bezirke und Kultplätze der Großen Göttin sind häufig in unmittelbarer Nähe von Quellen, an Bächen oder Flussufern angelegt. Im alteuropäischen Zeichenschatz gibt es ein Ideogramm, das eine Flusslandschaft darstellt, vielleicht eine Bezeichnung für das Milieu, wo sich ein heiliger Bezirk befand. Dem Motiv der von Vegetation umwachsenen Flussaue begegnen wir in den Fresken von Thera. Hier wird das Grundmotiv vielfältig variiert, in Ausführungen, die von rein naturalistischer bis hochgradig stilisierter Darstellung reichen.

Auffällig ist bei diesen Bildmotiven, dass jedes Einzelne von ihnen jeweils eine Miniaturkomposition aus mehreren Grundelementen ist. Das Altarbild setzt sich zusammen aus der Struktur des aufgerichteten Podestes und aus zusätzlichen Attributen auf dessen Plattform, die wie Opfergaben aussehen. Das Boot hat einen Aufbau, dessen Gesamteindruck dem des Ritualschiffs im Prozessionsfresco von Thera sehr ähnlich ist. Die Flussaue ist komponiert aus dem Bild eines mäandernden Flusses und stilisierten Pflanzenmotiven an dessen Uferböschung. Diese letztere thematische Komposition, die in vielerlei Varianten in den Fresken von Thera wiederkehren, wird als Verdichtung von Form und Begrifflichkeit gedeutet, als »Prozess vielschichtiger Assoziationen von Form und Idee zur Ausgestaltung eines einzigen Motivs« (Morgan 1988: 14).

Im Vergleich der alteuropäischen Motive mit solchen späterer Zeit verdichtet sich auch der Informationsgehalt über deren Stellenwert und kulturelle Einbettung. Beispielsweise legt das Motiv des Katzenkopfs (OE 1) eine Assoziation mit der minoischen Ikonographie nahe, wo dieses Bildmotiv regelmäßig in Verbindung mit astralen Symbolen auftritt (Grumach 1967: 7); (Abbildung 17). Dies unterstreicht die Rolle der Katze als mythisch-religiöses Symbol in der alteuropäisch-altägäischen Konvergenzzone (siehe Kapitel 6 zu diesem Konzept).

OE 1

Abbildung 17: Das Motiv des Katzenkopfes in der alteuropäischen Schrift und in der altkretischen (minoischen) Hieroglyphenschrift (Inschrift in Hieroglyphen nach Grumach 1967: 14)

Die Symbolik der Katze in der religiösen Vorstellungswelt der Mittelmeerkulturen geht offensichtlich auf das frühe Neolithikum, d. h. auf die Anfänge des Ackerbaus, zurück, denn die älteste visuelle Manifestation dieses Tiers stammt aus dem 6. Jahrtausend v. Chr. und zwar aus Transilvanien (siehe Kapitel 5 zu den Tontäfelchen von Tărtăria). In etwa zeitgleich mit der minoischen Tradition blühte der Kult der Katze in Ägypten während des Neuen Reichs (ca. 1550–1295 v. Chr.) auf. Die Katze wurde in Gestalt der Göttin Bastet verehrt, und ihr wichtigstes Kultzentrum war das Heiligtum von Bubastis östlich des Nildeltas. Nach mythischer Überlieferung war Bastet die Tochter des Sonnengottes Ra. Der Ausdruck für ›Katze‹ im Altägyptischen ist *mau* mit der Grundbedeutung ›sehen‹. Bastet wird häufig zusammen mit dem Symbol des sakralen Augenmotivs (ägypt. *utchat*) dargestellt, als ob die Tochter des Ra eines der Augen ihres alles sehenden Vaters personifizierte.

Bastet war nicht irgendeine der vielen ägyptischen Gottheiten. Keine andere göttliche Gestalt tritt in derart vielen bildlichen Variationen auf wie Bastet.

»Die Göttin ist hauptsächlich von den vielen verschiedenen Typen bronzener Statuetten bekannt, die erhalten sind: Varianten mit langen oder kurzen Ohren, solche mit menschlichen Gliedern, mit Körperteilen und Schwänzen von Katzen sind bekannt. Allein die Gestalt der Bastet bietet eine solche Vielfalt im ägyptischen Götterpantheon, was vielleicht auf uralte Vorstellungen über das den Katzen zugeschriebene Potenzial an Verwandlung deutet. Ein Gerät, das oft von Bastet getragen wird, assoziierte die magischen Qualitäten der Katzen mt Zauberei und Wahrsagewesen – das sogenannte Sistrum oder die magische Rassel, die von Frauen benutzt wurde, um böse Geister abzuschrecken« (Saunders 1991: 21).

Die oben angesprochene Assoziation des Katzensymbols mit Magie und Divination findet eine bemerkenswerte Parallele in der Deutung der Tontäfelchen von Tărtăria im Zusammenhang schamanistischer Rituale.

② Nicht-bildhafte (an-ikonische) Zeichen

Das Repertoire der abstrakten Zeichen ist wesentlich umfangreicher als das der bildhaften Zeichen. Als internes Strukturprinzip tritt das Verhältnis von Basismotiven zu deren Varianten in Erscheinung. Von allen elementaren Motiven sind Zeichenvariationen abgeleitet worden. Dies gilt für die Kreisform ebenso wie für das Dreieck, das Viereck, den Halbbogen, das V-Zeichen, Kreuz- und Winkelzeichen. Besonders produktiv sind einige Basismotive mit einer größeren Zahl von Ableitungen wie das V-Zeichen (OE 76–102), das vertikal-horizontale Kreuz (OE 130–143) und das diagonale Kreuz (OE 113–129). Variationen entstehen mithilfe von Zusatzzeichen. Als distinktiver Marker tritt der Strich am häufigsten auf. Andere Marker wie ein Punkt, ein Kreuzzeichen oder ein Halbbogen werden nicht so häufig verwendet. Diese visuelle Technik der Zeichenvariation mithilfe von nicht selbstständigen Zusatzelementen ist in ihrer Funktion mit dem Gebrauch diakritischer Zeichen in Alphabetschriften zu vergleichen. Somit ist die Donauschrift das älteste Notationssystem, für welches sich die Verwendung diakritischer Zeichen nachweisen lässt (Haarmann 1995: 38 f.).

Die Variationen von Basismotiven beruhen auf Regelmäßigkeiten in der Anwendung der diakritischen Technik. Es handelt sich also nicht um Ableitungen nach Zufallskriterien und mit chaotischem Charakter. Das Regelschema lässt zwei Grundprinzipien der Variation erkennen, das der einfachen Variation und das der komplexen Variation. Einfache Variationen werden auf die Weise gebildet, dass ein einfaches Zusatzzeichen die Verschiedenheit von einem Basismotiv markiert. Komplexe Variationen sind solche, bei denen mehrere Zusatzzeichen für die Ableitung eines selbstständigen Zeichens verantwortlich sind. Komplexe Variationen entstehen auch mithilfe einer Doppelung der Konturen eines Basismotivs.

Es ist sicher kein Zufall, dass die Zahl der Variationen von dem elementaren V-Motiv vergleichsweise größer ist als die irgendeines anderen abstrakten Basismotivs. Das V-Zeichen gehört zum Repertoire derjenigen Symbole, deren Kontinuität über das Neolithikum hinaus bis in die altpaläolithische Periode aufgezeigt werden kann. Im soziokulturellen Kontext des alteuropäischen Schriftgebrauchs tritt das V-Zeichen entweder allein oder in Gruppen zusammen mit anderen Zeichen auf. Auffällig ist die Häufigkeit, mit der das V-Zeichen in Figurinen eingraviert ist. Einige Forscher deuten dieses zentrale Motiv als Logogramm der Gottheit (divinity signifier), wie Gimbutas, Lazarovici, Winn u. a. (Abbildung 18).

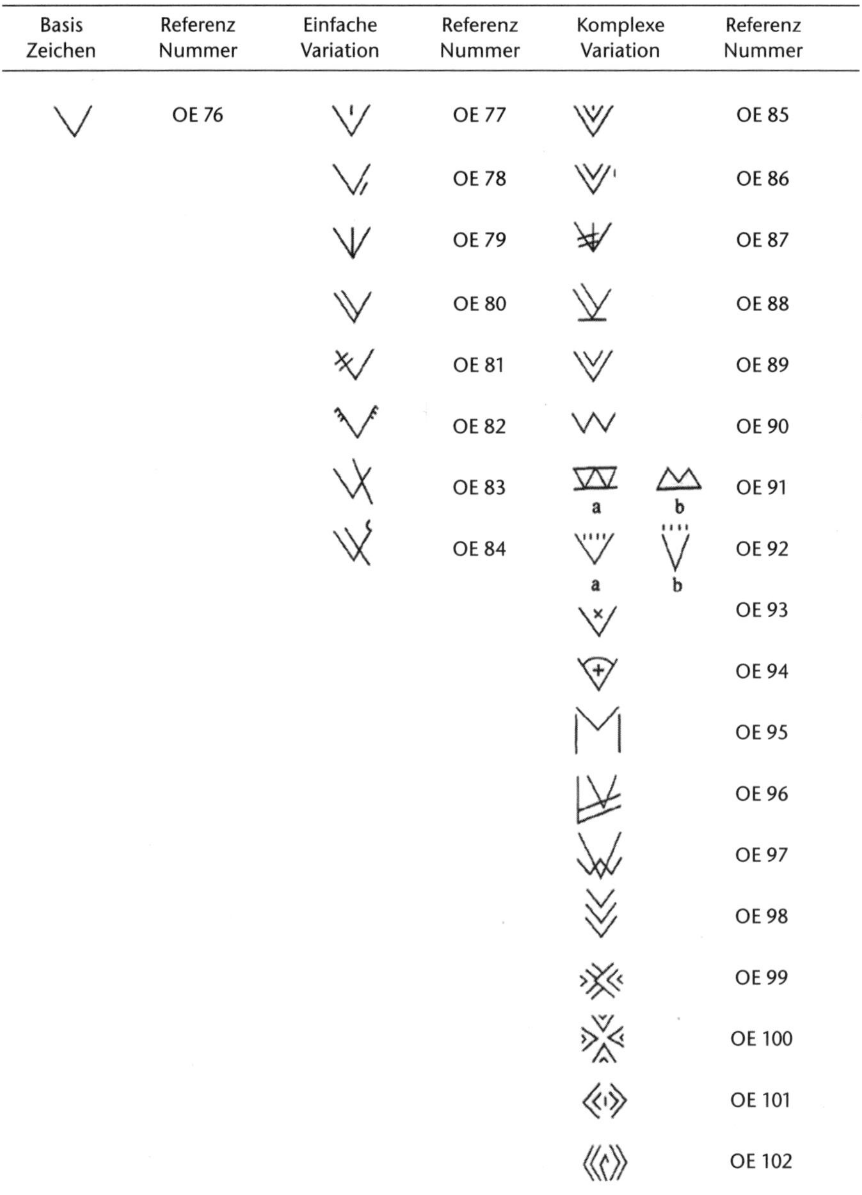

Abbildung 18: Das V-Zeichen und seine Variationen (nach Haarmann 1995, fig. 32)

Das Verhältnis von Basiszeichen und potentiellen Variationen entspricht Anteilen von 61% zu 39% im alteuropäischen Zeichenrepertoire. Dies deutet auf eine relativ ökonomische Verwendung von Basismotiven hin. Im Vergleich dazu nimmt sich die alte Indusschrift des 3. und 2. Jahrtausends v. Chr. mit Anteilen von 52% (Basiszeichen) und 48% (Variationen) noch ökonomischer aus. Dieses Schriftsystem steht der Donauschrift typologisch am nächsten und hier wie da erkennt man das Wirken eines hochgradig abstrakten Sinns. Verschiedene Basismotive sind in beiden Systemen ähnlich bzw. identisch, wie beispielsweise das Motiv des diagonalen Kreuzes (Abbildung 19).

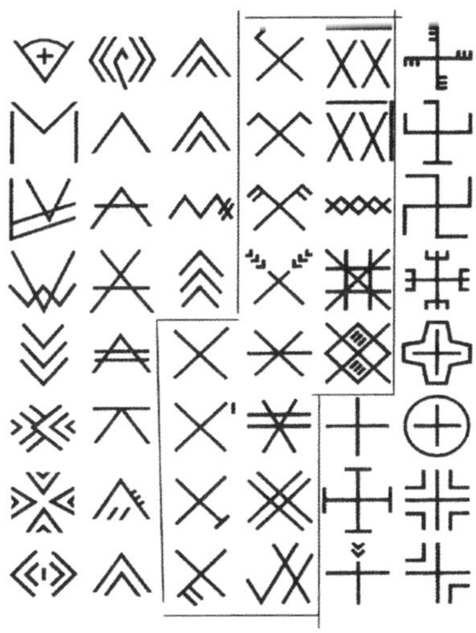

Abb. 19 a

Abbildung 19: Das Kreuzmotiv und seine Variationen in der Donauschrift und Indusschrift (nach Haarmann 2005: 228 f.): a) Donauschrift, b) Indusschrift S. 70

Man könnte einwenden, dass die Parallelismen der Basismotive in den beiden verglichenen Systemen keine Überraschung bieten, weil es sich um elementare Formen handelt, mit denen in jedem beliebigen kulturellen Milieu begriffliche Assoziationen aufgebaut werden können. Dies mag prinzipiell zutreffen, allerdings ist der Faktor der kulturellen Relativität in Rechnung zu stellen. Beispielsweise hebt sich das V-Zeichen im Repertoire der Donauschrift durch die Vielzahl seiner Variationen hervor, was für die weite Verbreitung dieses Motivs in der Donauregion spricht. Dieses Basismotiv fehlt andererseits im Inventar der Indusschrift und ist auch als dekoratives Element in der Induszivilisation nicht gebräuchlich.

Abb. 19 b

③ Ligaturen

Die meisten abstrakten Zeichen und deren Variationen treten vorzugsweise in Gruppen auf. Dabei sind Phänomene von Berührungen oder auch Verflechtungen der Konturen individueller Zeichen zu beobachten. Die Inschriften in der Donauschrift bieten die frühesten Beispiele für die Schreibtechnik von Ligaturen, die für die Schriftgeschichte nachgewiesen werden können. Ligaturen entstehen als Ineinandergreifen von wenigstens zwei Einzelzeichen, manchmal auch von drei Komponenten (Abbildung 20).

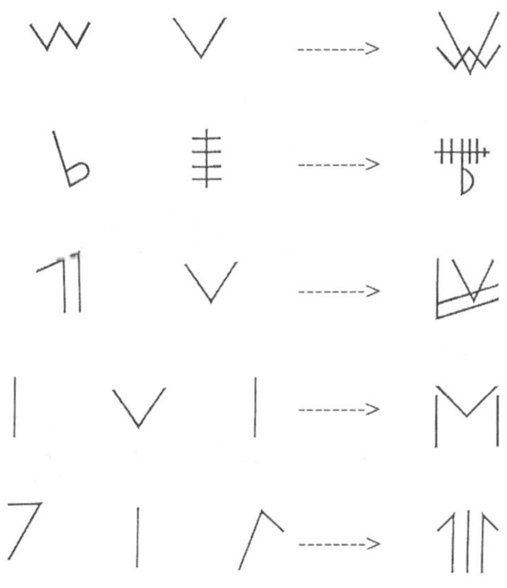

Abbildung 20: Beispiele für Ligaturen in Zeichensequenzen der Donauschrift (nach Haarmann 1995, fig. 40)

Es gibt bisher keine schlüssige Erklärung für die Motivation, bestimmte alteuropäische Zeichen in Ligaturen zu fügen.

Schriftverbreitung in den Regionen der Donauzivilisation – Fundstätten, Kontext, Kulturchronologie

Beschriftete Artefakte aus dem Zeitraum vom 6. bis 4. Jahrtausend v. Chr. sind an zahlreichen Orten in Südosteuropa gefunden worden. In der Liste der Fundstätten mit beschrifteten Artefakten von Merlini (2009a: 474 ff.) sind mehr als 200 Namen von Ortschaften aufgeführt. Die Streuung der Schriftzeugnisse über ein weites Areal spricht für eine überregionale Verbreitung. Auch die absolute Zahl der mit Inschriften versehenen Objekte illustriert die Vitalität der Schrifttechnologie in der Donauregion. In den derzeit existierenden umfangreichsten Datenbanken sind mehrere Tausend Artefakte registriert und archiviert (M.-C. Lazarovici 2005, Gh. Lazarovici 2009, Merlini 2008, 2009a).

Die Orte mit Schriftfunden verteilen sich auf die Territorien folgender Staaten: südliches Ungarn, zentrales und östliches Kroatien, Bosnien-Hercegovina, Serbien, Montenegro, Kosovo, Albanien, Makedonien, nördliches Griechenland, Bulgarien, Rumänien. Dieses Areal war das Kerngebiet Alteuropas. Ein Außenlieger mit eigenem Kulturgepräge ist die Ukraine, wohin die Donauzivilisation ausstrahlte und wo sich die regionale Trypillya-Kultur ausbildete (Karte 3).

Karte 3: Orte mit Schriftfunden in den Kulturprovinzen der Donauzivilisation (nach Merlini 2004, fig. II mit Ergänzungen; Irradiationszentren der Schriftverwendung sind eingerahmt; Ausschnitt: siehe Karte 4 auf Seite 101)

Die wichtigsten Ausstrahlungszentren für die Verbreitung der Schrifttechnologie und kulturelle Innovationen waren gleichzeitig wichtige Knotenpunkte der überregionalen Handelsrouten entlang den Wasserstraßen der Donau und ihrer Nebenflüsse. Drehscheiben für Kultur und Handel waren Vinča (südlich von Belgrad) an der Donau und Turdaş am Muraş. Andere Orte hatten Bedeutung für eine regional begrenzte Ausstrahlung des Schriftgebrauchs. Hierzu gehören Gradeşnica, Nova Zagora, Slatino, Borovan und Kurilo in Bulgarien, Parţa in Rumänien, Jela/Benska Bara, Vršac-At und Donja Branjevina in Serbien, Sitagroi in Griechenland (Merlini 2009a: 481). Auch eine Reihe anderer Siedlungen der Donauzivilisation waren eingebunden in das Distributionsnetz von ornamentierter und beschrifteter Keramik (siehe Anhang III für eine Übersicht der Fundstätten beschrifteter Artefakte).

Die Verbreitung einzelner Zeichen und die Konsistenz des gesamten Zeichenrepertoires waren in einem erstaunlich hohen Maß einheitlich. Hinter dem Gesamteindruck von Einheitlichkeit verbergen sich einige Aspekte von Varianz auf dem Kontinuum der Zeit und im Hinblick auf die areale Begrenztheit einiger Zeichenformen. Der bei weitem größte Teil der Zeichen der Donauschrift tritt in den erwähnten Gebieten auf. Nach Aussage der archäologischen Hinterlassenschaft an den lokalen Fundstätten war der Schriftgebrauch in Serbien, Kosovo und Rumänien am aktivsten. Aus dieser Region stammen rund 60% aller beschrifteten Artefakte. In Bulgarien (18%) liegt der Anteil zwar deutlich unter dem im Kerngebiet, andererseits weit über den Anteilen in Griechenland (9%) oder Ungarn (6%). Die Schriftfunde aus den anderen Gebieten sind vergleichsweise weniger zahlreich (Merlini 2008: 59, 2009a: 499 f.).

Ebenso wie die Formen der darstellenden Kunst areale Unterschiede erkennen lassen, so zeigen sich auch in der Verbreitung von Schriftzeichen geographische Differenzierungen. Während der Terminus »Donauschrift« den übergreifenden Aspekt der Schriftlichkeit in Alteuropa zum Ausdruck bringt, ist es berechtigt, areale Variationen zu spezifizieren. Die Areale der regionalen Schriftvarianten sind allerdings nicht deckungsgleich mit den regionalen Kulturprovinzen. Regionale Schrifttraditionen mit Eigenprofil waren die »Vinča-Schrift«, die »Turdaş-Schrift« und die »Trypillya-Schrift«. Von diesen hatte die Vinča-Schrift die größte Ausstrahlung und weiteste Verbreitung, bedingt durch die überregionale Ausstrahlung von Kulturtraditionen und Kunstformen der Kulturprovinz Vinča (Brukner 2002).

Die regionalen Variationen der Donauschrift zeigen einerseits einiges Lokalkolorit, andererseits sind auf breiter Basis identische Zeichenformen mit der Vinča-Schrift zu erkennen. In der Trypillya-Schrift ist zwar prinzipiell deren Affiliation mit der Donauschrift »augenfällig«, der Zeichenbestand ist aber überwiegend regional spezifisch. Dies bedeutet, dass das Zeichenrepertoire ebenso wie die Ornamentik der Gefäße und deren Formen markante regionale Eigenschaften aufweisen, die der auf das Kulturareal der südlichen Ukraine beschränkten Trypillya-Kultur ihr ganz eigenes Gepräge verleihen (Tkachuk 2009: 169 ff.; siehe Anhang II für eine Übersicht des Zeichenschatzes der Trypillya-Schrift).

In der Kulturprovinz von Vinča hat die Schriftverwendung durch alle Kulturschichten, d. h. vom frühen Neolithikum bis ins Chalkolithikum bzw. Eneolithikum, eine kontinuierliche Tradition und zwar zwischen ca. 5500 und ca. 4400 v. Chr. (Vinča A–D); (Merlini 2009a: 468 f.). Bis Mitte der 1990er Jahre wurde in der Archäologie der Terminus Chalkolithikum – eine Zusammensetzung aus griechisch *chalkos* ›Kupfer‹ und *lithos* ›Stein‹ (= Kupfersteinzeit bzw. Kupferzeit) – verwendet, seither wird der Ausdruck Eneolithikum (latein. *aeneus,* adj. ›aus Kupfer gemacht‹, als Ableitung von *aenum* ›Kupfer‹) bevorzugt.

Für die formative Periode der Schrift, das frühe Neolithikum (erste Hälfte des 6. Jahrtausends v. Chr.), ist das Vorkommen beschrifteter Artefakte mit einem Anteil von 12% ermittelt worden. Die meisten beschrifteten Artefakte (rund 48%) stammen aus der Periode des späten Neolithikums (spätes 6. bis frühes 5. Jahrtausend v. Chr.). Danach ebbt die Frequenz des Schriftgebrauchs ab und liegt in der frühen Kupferzeit (erste Hälfte des 5. Jahrtausends v. Chr.) bei 20%. In die Spätzeit (erste Hälfte des 4. Jahrtausends v. Chr.) datieren nur rund 2,5% der beschrifteten Artefakte (Merlini 2008: 59); (Abbildung 21).

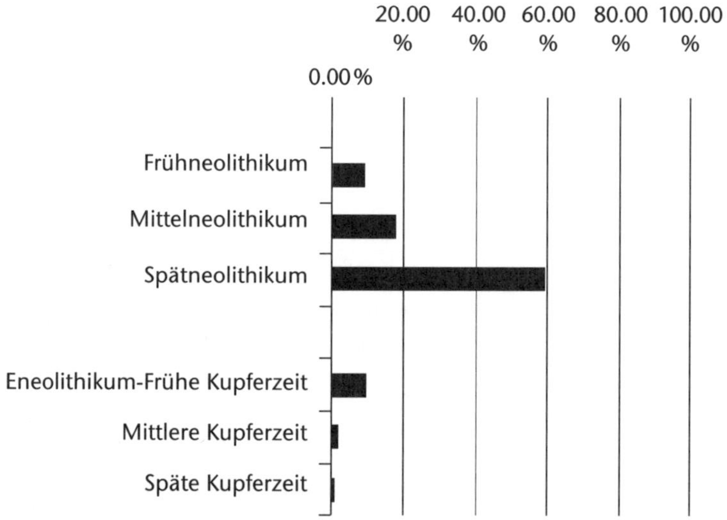

Abbildung 21: Entwicklungsphasen der Donauschrift vom Neolithikum bis zur Kupferzeit (nach Merlini 2008: 59)

5 Beschreibstoffe, Inschriften und Textgenres

Wie andere Forschungsbereiche, so kennt auch die Schriftgeschichte traditionelle Erklärungen für bestimmte Phänomene, die sich bei näherer Betrachtung als unzureichend herausstellen. Hierzu gehören Reflektionen über die Selektion von Beschreibstoffen in den frühen Zivilisationen. Einer weit verbreiteten Ansicht zufolge wäre die Verfügbarkeit bestimmter Materialien in einer Region das entscheidende Kriterium für deren Wahl als Beschreibstoff gewesen. Im Rahmen eines Vergleichs der kulturökologischen Bedingungen des frühen Schriftgebrauchs in der Alten Welt lässt sich eine solche Annahme nicht verifizieren.

Beschreibstoffe und Textträger in den frühen Schriftkulturen

Stein war als Material ausgiebig vorhanden in Südosteuropa, Ägypten, Anatolien, Indien und China. Die Anfänge des Schriftgebrauchs sind aber in keiner der genannten Regionen mit dem Beschreibstoff Stein assoziiert, unabhängig davon, ob und in welchem Umfang dieses Material als Textträger in späteren Perioden dort verwendet wurde. Ton ist in allen Regionen verfügbar, wo frühe Zivilisationen entstanden sind. Allerdings war dieser Beschreibstoff lediglich in zwei Hochkulturen typisch für die Entstehungsperiode von Schrift und zwar in der Donauzivilisation (beginnend ca. 5300 v. Chr.) und in Mesopotamien (beginnend ca. 3150 v. Chr.). Stein und Ton, die am weitesten verbreiteten Materialien, sind also untypisch für die formative Periode der Schriftverwendung in den meisten alten Zivilisationen. Diese Feststellungen zum Verhältnis von Verfügbarkeit und praktischer Anwendung lassen die Fragestellung nach der Wahl von Materialien als Beschreibstoffe in anderem Licht erscheinen.

Der Vorzug bestimmter Textträger motiviert sich mit den soziokulturellen Funktionen der Verwendung von Schrift. Die moderne Schriftforschung hat diesbezüglich neue Erkenntnisse geliefert, die in ihrer Essenz besagen, dass die Motivation, Schrift für die Zwecke der Buchführung und eines frühen Steuersystems der Tempelbürokratie einzusetzen, nur für die sumerischen Stadtstaaten Mesopotamiens nachzuweisen ist. Lediglich im benachbarten Elam ähneln die Verhältnisse denen in der sumerischen Stadt Uruk, von wo die ältesten Texte in altsumerischer Piktographie stammen. In allen anderen frühen Zivilisationen war die Entstehung von Schrift nicht ökonomisch motiviert und stand auch nicht im Zeichen staatlicher Bürokratie oder Administration. In der Donauzivilisation, in Altchina und in der alten Induszivilisation (auch als Harappa-Zivilisation bekannt) gab es zur Zeit der frühen Schriftverwendung nicht einmal staatliche Organisationsformen, die sich dort erst später konsolidierten.

Die spezielle Funktion von Schrift im Dienst des Orakelwesens bedingte im Altchina der späten Shang-Ära (seit etwa 1200 v. Chr.) den Ausschluss von Materialien wie Stein oder Ton. Inschriften wurden mit Pinsel und Tusche auf Schildkrötenpanzer oder die Schulterblattknochen von Hirschen aufgetragen. Solche Knochen wurden anschließend mit erhitzten Bronzestäbchen behandelt oder in rituelle Feuer gehalten. Aus der Art und Weise der Rissbildung interpretierte der Priester den Willen der Ahnen, die um Rat angerufen wurden (Keightley 1999: 5). Ein anderes Material als Knochen wäre für die Zwecke dieser Form der Divination gänzlich ungeeignet gewesen.

Im prädynastischen Ägypten fächerte sich der Schriftgebrauch von Anbeginn in zwei Hauptfunktionen aus. Herkunftsbezeichnungen finden sich auf den Tonsiegeln von Gefäßen in den Gräbern von Abydos in Oberägypten, deren Inhalt als Beigaben für die Reise des Verstorbenen ins Jenseits bestimmt waren. Die Namen von Stiftern sind in die Grabstatuen (Min-Statuen) eingraviert und dokumentieren einen frühen rituellen Gebrauch von Schrift. Papyrus wurde erst zu einem späteren Zeitpunkt als Beschreibstoff eingeführt.

Bestimmte beständige Materialien dienten bereits lange vor der Entstehung der Schrifttechnologie als Träger für die symbolische Tätigkeit nicht nur des modernen Menschen (moderner Homo sapiens), sondern auch früherer Hominiden-Spezies wie Neandertaler (archaischer Homo sapiens) und des Homo erectus. Kalendarische Notationen mit Strichzeichen auf Tierknochen sind für die letztere Spezies aus der Zeit vor 330000 Jahren bezeugt, rund 77000 Jahre alt sind die ornamentalen Ritzungen auf Ockerstücken aus Südafrika (Blombos Cave) und vor rund 35000 Jahren entstanden die ersten naturalistischen Bilder an den Wänden der paläolithischen Höhlen Westeuropas. Diese ältesten Dokumentationen für symbolische Tätigkeit verdeutlichen, dass Materialien wie Stein und Knochen das menschliche Kulturschaffen begleitet hatten, bevor sie als Beschreibstoffe in den Dienst der Schrifttechnologie gestellt wurden (Haarmann 2007: 91 ff.).

In einer Gesamtschau der Schrifttradition in den alten Zivilisationen wird deutlich, wie facettenreich die Anwendungsbereiche von Schrifttechnologie waren und wie variantenreich sich das Spektrum der Beschreibstoffe ausfächert:

Donauzivilisation (6. und 5. Jahrtausend v. Chr.) in Südosteuropa

- Geritzte und/oder gemalte Zeichensequenzen auf Tongefäßen und Objekten aus Keramik (Gebrauchskeramik, Kultobjekte, Miniaturaltäre);
- Beschriftete Kleinskulpturen aus Ton (Figurinen);

- Beschriftete Objekte aus Stein (Webgewichte, Spinnwirtel).

Altägypten (seit der zweiten Hälfte des 4. Jahrtausends v. Chr.)

Frühzeit:
- Beschriftete Henkel von Keramikgefäßen als Grabbeigaben (Abydos);
- Beschriftete Siegel aus Knochen und Elfenbein;

Dynastische Periode (ab ca. 3000 v. Chr.):
- Hieroglyphentexte auf Stein (Gräber, Tempelwände, Obelisken, Pyramiden);
- Texte auf Papyrus.

»Papyrus-Rollen waren die Textträger für den größten Teil der ägyptischen Literatur und ebenso für die Verwaltung eines stets bürokratischen Staats. Später wurde die Verwendung von Papyrus auf die hellenistische Welt ausgedehnt, und auf weite Regionen des römischen Imperium. ... Die Herstellung von Papyrus war wohl ein königliches Monopol und insbesondere für den Schriftverkehr am Königshof diente ein Material, das qualitativ bei weitem hochwertiger war als irgendeine moderne Nachahmung« (Ray 1999: 611).

Mesopotamien (seit dem ausgehenden 4. Jahrtausend v. Chr.)
- Tontafeln (die ältesten aus den Fundschichten Uruk IV und III) als Beschreibstoff für Texte der Tempelbürokratie in Zeichen der altsumerischen Piktographie;
- Tontafeln mit Texten in Keilschrift (seit ca. 2700 v. Chr.);
- Keilschrifttexte auf Stein (Statuen, Grenzsteine), Elfenbein, Metall.

»Die große Mehrheit der Keilschrifttexte wurde auf Ton geschrieben. Monumentale und Weihinschriften kann man auf Stein, Elfenbein, Metall und Glas finden, und es sind auch Einzelstücke von zusammenklappbaren Schreibtafeln aus Elfenbein gefunden worden, die eine sorgfältig aufgetragene Beschichtung von Bienenwachs hatten. Aber die Tontafel war immer der standardmäßige Beschreibstoff« (Walker 1990: 32).

Inschriften und beschriftete Artefakte – Zur Kulturökologie religiöser Texte

Die beschrifteten Artefakte Alteuropas sind mehrheitlich solche, die nicht für den alltäglichen Gebrauch bestimmt sind. Es handelt sich dabei um Objekte und/oder Utensilien, die bestimmte symbolische Funktionen für die alteuropäischen Ackerbauern und ihre religiöse Weltanschauung erfüllten. Die Symbolik entfaltete sich einerseits in der Privatsphäre als individuelle Religiosität (z. B. in Gestalt einer beschrifteten Figurine neben der Herdstelle, dem Backofen oder dem Hausaltar) und andererseits auf kommunaler Ebene mit Ausdrucksformen von formaler Religiosität, einschließlich öffentlicher Zeremonien und Rituale (z. B. beschriftete Weihgefäße oder Votivgaben in Heiligtümern).

Eine besondere Kategorie beschrifteter Artefakte sind Utensilien der Textilherstellung wie Spinnwirtel (Wirtel zum Spinnen der Wollfäden) und Webgewichte für den senkrecht stehenden Webstuhl. Zwar sind dies Gerätschaften für den täglichen Gebrauch, die Einbindung des Webens als Handwerk unter göttlichem Patronat – ein aus der klassischen Antike wohlbekanntes Phänomen – lässt aber auch eine religiöse Motivation für die Inschriften auf solchen Artefakten erkennen (s. u.).

Im Folgenden werden bestimmte Kategorien beschrifteter Artefakte vorgestellt und zwar solche, deren Funde sich in den Datenbanken nach ihrer Häufigkeit mit deutlichen Proportionen ausweisen:

① Beschriftete Figurinen

Kleinplastiken (Figurinen bzw. Statuetten) sind einer der diagnostischen Marker der Donauzivilisation. Dies gilt für den gesamten Kulturhorizont, d. h. für alle Kulturschichten an allen Siedlungsplätzen über die gesamte Spanne des Kulturschaffens (Gimbutas 1989, Haarmann 2009: 63 ff.). Beispielsweise wurden in den Kulturschichten von Karanovo (Bulgarien) Skulpturen gefunden, die aus Fundschichten im Zeitraum zwischen ca. 6300 bis ca. 3000 v. Chr. stammen. Die Produktion dieses bestimmten Genres der bildenden Kunst zieht sich damit über einen Zeitraum von mehr als 3000 Jahren hin. Auch an anderen Siedlungsplätzen deuten die Funde auf eine viele Jahrhunderte währende Tradition der Herstellung und Verwendung von anthropomorphen und zoomorphen Skulpturen.

Der allergrößte Teil der anthropomorphen Figurinen sind weibliche Gestalten. Deren Anteil am Gesamtbestand der Skulpturen einzelner Fundstätten liegt teilweise über 90%. Die Figurinen wurden aus verschiedenen Materialien hergestellt, aus Stein, Marmor und gebranntem Ton. Stein war das gängige Material in der vorkeramischen Periode. Später sind Statuetten aus gebranntem Ton am häufigsten. Aus dem 5. Jahrtausend v. Chr. sind auch Figurinen aus Metall bekannt. Dies sind entweder flache Metallplättchen (z. B. im Goldschatz von Varna/Bulgarien) oder reliefierte Goldbleche (z. B. Einzelstücke von Fundorten in Rumänien: Moigrad, Oradea). Eine bedeutende Anzahl der Artefakte aus Gold, die in der großen Alteuropa-Ausstellung in New York 2009/2010 zu sehen waren, sind Figurinen (s. Anthony 2009b: 162, 173, 197).

Viele Figurinen sind unversehrt, d. h. in einem Stück erhalten geblieben. Andere sind zerbrochen und müssen wieder zusammengesetzt werden, will man das Erscheinungsbild rekonstruieren. Erstaunlicherweise gibt es viele Figurinen, deren Bruchstücke über verschiedene Areale verstreut sind. Das heißt, dass die Einzelteile einer Figurine an verschiedenen Plätzen auftauchen können. Die moderne Technologie zur Bestimmung und Datierung von Materialien erlaubt eine präzise Identifizierung individueller Artefakte und von deren Einzelteilen. Für dieses Phänomen der weiten Verstreutheit von Figurinenbruchstücken hat man erst vor einigen Jahren eine plausible Erklärung gefunden.

Figurinen wurden in religiösen Ritualen als sakrale Objekte verwendet und anschließend zerbrochen, wenn sie ihre Funktion erfüllt hatten. Die Stücke wurden aber nicht achtlos weggeworfen, sondern aufbewahrt und in Zeremonien zur Pflege von Sozialkontakten als Geschenke ausgetauscht. Die Routen, auf denen die Bruchstücke von einem Ort zum anderen wanderten, folgten denen der Handelskontakte. Das intentionale Zerbrechen von Figurinen (intentional fragmentation) und der Transfer von Bruchstücken (fragment enchainment) formiert sich zu einem zeremoniellen Austausch von Artefakten mit symbolischer, nicht praktischer Bedeutung.

»Der Ausdruck ›Verkettung‹ ist eine elementare Form des Geschenkaustauschs, bei dem die Person, die ein unveräußerliches Objekt (ein Objekt, dem etwas von der Aura der Person oder von dessen Wesen anhaftet) einer anderen Person gibt, stellt damit eine Beziehung her, durch die er/sie etwas von der Aura des Empfängers erhält, und auf diese Weise das Geschenk nie gänzlich verliert, während der Empfänger zusammen mit dem Geschenk etwas von der Aura der gebenden Person annimmt« (Chapman 2001: 223).

Die große Zahl an Figurinen (mehrere Tausend Exemplare), die in diesem Geschenkaustausch verteilt wurden, verdeutlichen die besondere Rolle dieses Genres von Artefakten zur Aufrechterhaltung der Sozialkontakte zwischen den Bewohnern der alteuropäischen Siedlungen. In den Werkstätten, wo Figurinen hergestellt wurden, haben die Archäologen auch Hinweise auf bestimmte Produktionstechniken gefunden, die erkennen lassen, dass bereits während des Arbeitsgangs des Skulpierens Bruchsäume vorbereitet wurden, die das Zerbrechen der Figurinen nach deren rituellem Gebrauch erleichtern sollten.

Selbst wenn man versteht, wie der Geschenkaustausch in der Donauzivilisation funktionierte, bleibt noch die Frage zu klären, warum gerade Figurinen so wichtig waren, und warum nicht andere Objekte wie Spondylus-Muscheln, bestimmte Gefäße, Bärenzähne oder ein Hirschgeweih eine ähnliche symbolische Funktion als Geschenke übernahmen.

Figurinen findet man an solchen Orten und in solchen kulturellen Kontexten, die auf den Charakter der Skulpturen als Kultobjekte hinweisen. Solche Kontexte sind Gruppen von Figurinen, die auf kleinen Schemeln auf den Plattformen von Heiligtümern zu finden sind oder in der Nähe der Feuerstelle oder von Öfen, in denen Brot gebacken wurde. Gimbutas spricht von Inkarnationen der Großen Göttin, deren Ikonographie über Alteuropa hinaus aus Anatolien bekannt ist (Gimbutas 1991, Haarmann/Marler 2008a), wobei der Begriff »Große Göttin« in einer allgemeinen Auslegung als übersinnliches Wesen mit Kontrolle über den Vegetationszyklus zu verstehen ist, nicht im Sinn einer antiken Göttinnengestalt. In einer weiten Ausdeutung lassen sich Figurinen als Personifikationen von lebenerhaltenden Schutzgeistern, als visuelle Metaphern für die Einheit allen Lebens identifizieren.

»Ihre Potenz war im Wasser und in Steinen, in Gräbern und Höhlen, in Tieren und Vögeln, Schlangen und Fischen, Hügeln, Bäumen und Blumen. Daraus leitet sich die ganzheitliche und mythopoetische Auffassung der Heiligkeit und des Mysteriums aller Dinge auf Erden ab« (Gimbutas 1989: 321).

Selbst Forschern, die kein nennenswertes Interesse am Studium alteuropäischer Figurinen entwickelt haben, heben den religiösen Kontext für das Verständnis ihrer soziokulturellen Einbettung hervor: »... die Figurinen vom Balkan legen in der Tat Zeugnis ab für eine sehr intensive Einbindung in die religiöse Welt und in diesem Kontext sind auch die Zeichen auf den Täfelchen und Plaketten zu verstehen« (Renfrew 1973: 199). Aus dem Blickwinkel einer Identifizierung der Figurinen als Kristallisationspunkte göttlicher Energie (als »spirit-holders« nach Haarmann 2009: 119 ff.) in der Glaubensvorstellung der Alteuropäer wird die eminente Rolle dieser Artefakte für den Geschenkaustausch verständlich. Die Rekonstruktion eines zeremonialen Geschenkaustausches im Sozialkontakt, wie er für die Figurinen Alteuropas postuliert worden ist, kann durch ethnographische Vergleiche bekräftigt und illustriert werden.

Die Wanderwege von Objekten, denen eine symbolisch-spirituelle Bedeutung beigemessen wird, sind bekannt aus dem rituellen Austausch von Geschenken, der alljährlich zwischen den Inseln Melanesiens stattfindet. Dieser Geschenkaustausch (engl. kula ceremonial exchange network) von aus Kauri-Muscheln gefertigtem Schmuck dient der Bekräftigung von Verwandtschaftsbeziehungen sowie der Festigung von Sozialkontakten zwischen Gruppen, die miteinander Handel treiben (Nile/Clerk 1996: 88 ff.). Eine ähnliche Funktion kann man sich für die Wanderwege der alteuropäischen Figurinen vom Herstellungsort bis hin zu entfernten Siedlungsplätzen vorstellen. Es ist die Vermutung geäußert worden, dass die symbolische Bedeutung solcher Figurinen unter anderem darin zu suchen ist, die Rolle der Frau für den Zusammenhalt der Sippen zu bekräftigen (Hodder 1990: 61).

Angesichts der Aufmerksamkeit, die den Figurinen beigemessen wurde, ist es nicht verwunderlich, dass die Kunsthandwerker, die solche Skulpturen herstellten, besondere Sorgfalt auf deren Ausgestaltung verwendeten, auf die Formgebung, den Dekor (z. B. Andeutung von Kleidung) und die Ausführung von Ornamenten. Die Figurinen kann man in vier Kategorien einteilen: a) solche ohne Dekor oder Ornamente, b) solche mit Dekor, der Kleidung, Haartracht oder Schmuck imitiert, c) solche mit Ornamenten und Kultursymbolen, d) solche mit Inschriften. Mit Hinblick auf die Eigenschaften dieser Grundkategorien treten die unter (b), (c) und (d) auch kombinatorisch auf. Das heißt, es gibt dekorierte Figurinen, die auch Kultursymbole (z. B. das Spiralmotiv) tragen, oder solche Skulpturen, die außer Ornamenten auch beschriftet sind.

Im Reihenvergleich fällt auf, dass Ornamente und Schriftzüge besonders sorgfältig ausgeführt sind. Eine bevorzugte Technik der Bearbeitung ist die, Motive und Zeichen einzuritzen und dann mit Muschelkalk weiß zu kontrastieren. Eine andere Technik ist das Auftragen von Symbolen mit brauner Farbe in heller oder dunkler Schattierung. Nach der Häufigkeit ihres Auftretens sind die Figurinen der Kategorien (a) und (b) am zahlreichsten, die der Kategorien (c) und (d) sind seltener. Nur etwa eine von hundert Figurinen ist beschriftet. Allerdings fällt die Gesamtzahl der beschrifteten Figurinen statistisch deutlich ins Gewicht. In Vinča sind beschriftete Figurinen mit 29% die häufigste Kategorie der dortigen Schriftfunde (Merlini 2009a: 481).

Abstrakte Ornamente sind nicht wahllos auf dem Körper von Figurinen verstreut, sondern sorgfältig selektiert an bestimmten Stellen platziert. Die gleiche Sorgfalt ist auch im Fall der Platzierung von Inschriften zu beobachten (Abbildung 22, S. 81–82).

Wegen ihrer großen Zahl und Vielfalt haben die Figurinen der alteuropäischen Kulturprovinz Karanovo besondere Aufmerksamkeit bei den Forschern gefunden. Von den beschrifteten Artefakten aus dem Karanovo-Areal sind rund die Hälfte Figurinen. Eine genauere Analyse der Symbole und Zeichen auf den

Abbildung 22: Inschriften verschiedener Länge auf Figurinen der Donauzivilisation

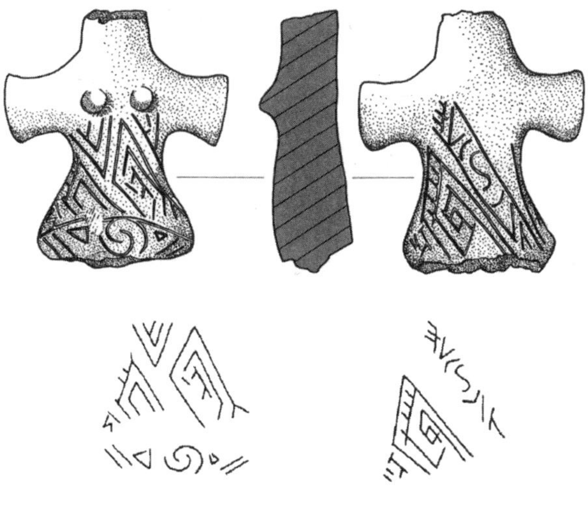

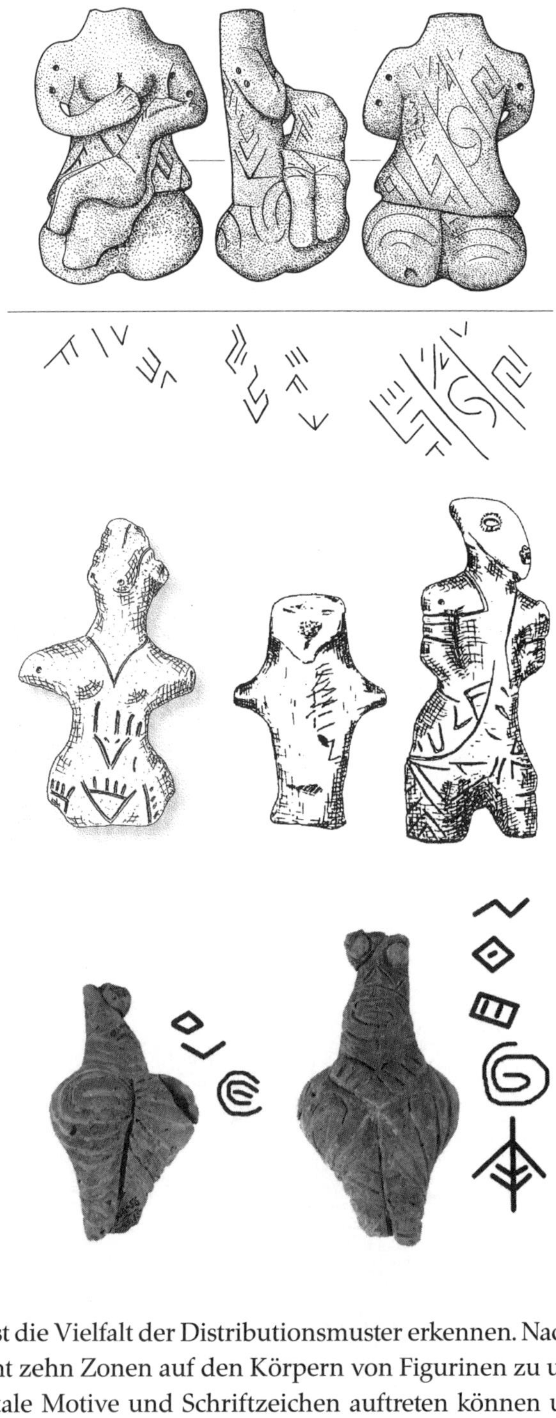

Figurinen lässt die Vielfalt der Distributionsmuster erkennen. Nach Biehl (1996) sind insgesamt zehn Zonen auf den Körpern von Figurinen zu unterscheiden, wo ornamentale Motive und Schriftzeichen auftreten können und zwar von der Stirn bis zum Unterschenkel (Abbildung 23).

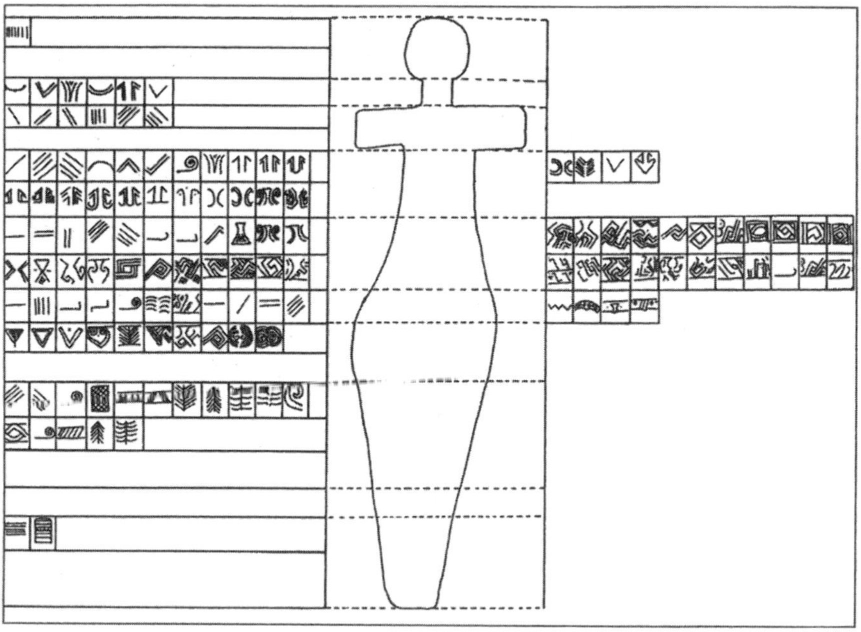

Abbildung 23: Zonen mit Symbolen und Schriftzeichen auf Figurinen der alteuropäischen Kulturprovinz Karanovo (nach Biehl 1996)

Bestimmte Motive sind auf bestimmte Zonen beschränkt und auch in der Häufigkeit, mit der einzelne Motive auftreten, spiegelt sich das Verhältnis von Restriktionen und Vorlieben. Im Vergleich der Distributionsmuster sind folgende Regularitäten erkennbar (Haarmann 2009: 191 f.):

- Motive im Kopfbereich und auf den Unterschenkeln beschränken sich auf parallele Strichlinien, entweder horizontal oder vertikal;
- Das V-Zeichen tritt als Basismotiv und/oder in verschiedenen Variationen in folgenden Zonen auf: Nacken, Brust, Unterleib;
- Das Spiralmotiv, in einfacher Form (als einfache Linie) oder als komplexes Design (als Doppellinie), tritt am häufigsten in folgenden Zonen auf: Brust, Bauch, Oberschenkel, Hinterbacken (als einfache oder Doppel-Spirale);
- Das Meandermotiv, einfach oder komplex, ist charakteristisch und tritt mit Vorliebe in bestimmten Zonen auf: auf dem Bauch, den Oberschenkeln und dem Hintern;
- Motive, die sich aus Strichen in unterschiedlichen Positionen zusammensetzen, dominieren auf den Schultern und Unterarmen, ebenso auf der Brust;
- Komplexe Motive dominieren in den unteren Zonen, auf Bauch und Hintern.

Die Distribution der Schriftzeichen auf den Figurinen der Kulturprovinz Karanovo zeigt folgende Proportionen: (I) Rücken und Hintern (46,2%), (II) Brustbereich (23,1%), (III) Bauch und Unterleib (15,4%), (IV) Beine (7,7%), (V) andere Körperteile (7,7%); (Merlini 2009a: 657).

Bei den Figurinen mit kombiniertem Dekor und Schriftzeichen stellt sich die praktische Frage, wie Ornamente von Zeichen der Schrift unterschieden werden können. Trotz einiger Zweifelsfälle ist eine Grundorientierung am Prinzip der Symmetrie hilfreich. Die Motive des dekorativen Design sind den Regeln einer strengen Symmetrie unterworfen. Die symmetrische Anordnung von Ornamenten ist ein Charakteristikum der darstellenden Kunst Alteuropas. Ornamentaler Dekor ist jeweils in Bändern oder in zentrierten Gruppierungen angeordnet.

Schriftzeichen dagegen unterliegen ganz anderen Kriterien und die stehen nicht in Abhängigkeit zum Primat der Symmetrie. Dies wird besonders deutlich bei Inschriften auf Figurinen, die sich aus mehreren Zeichen zusammen setzen und die mit Vorliebe in einer linearen Folge stehen. Da die Schriftzeichen aufgrund ihrer Bedeutung zu sinnvollen Phrasen aneinandergereiht sind, ist der visuelle Eindruck der äußeren Gestalt der Zeichen unerheblich für deren Kombinatorik. Visuelle Ästhetik spielt hierbei keine Rolle. Wie extrem verschieden die formale Gestalt benachbarter Schriftzeichen sein kann, die in eine Sequenz gestellt werden, kann man am Beispiel der Inschrift am Fuß eines anthropomorphen Gefäßes aus dem ausgehenden 6. Jahrtausend v. Chr. erkennen (Abbildung 24).

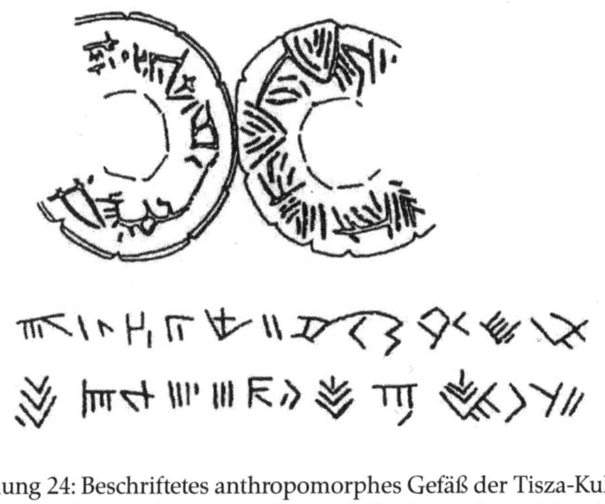

Abbildung 24: Beschriftetes anthropomorphes Gefäß der Tisza-Kultur (Kökénydomb nahe Szeged, Südungarn); (nach Gimbutas 1991: 312)

Obwohl über den Inhalt der Inschriften auf den Figurinen keine präzisen Angaben gemacht werden können, ist aber der Kreis möglicher Interpretationen wegen der speziellen Funktionen der Statuetten als spirituelle Kraftpunkte sichtlich eingegrenzt. Eine Möglichkeit für einen Vergleich mit den Verhältnissen in anderen frühen Schriftkulturen bieten die Min-Statuen in den prädynastischen Gräbern von Abydos in Oberägypten, die ins ausgehende 4. Jahrtausend v. Chr. datieren. Die Beschriftungen dieser Grabstatuen, Vorläufer der später so populären Shawabti-Figuren, sind kurz und bestehen aus nur einem oder wenigen Zeichen. Wenn man die Doppelung von Zeichen wie beispielsweise die Fingerschnecke außer Betracht lässt, beläuft sich die Zahl individueller Zeichen auf maximal drei Symbole. Dabei handelt es sich wohl um (königliche) Namen von Stiftern. »Ihre Nennung auf den Statuen dürfte sich auf verschiedene Stiftungen, Baumaßnahmen oder Kulthandlungen beziehen« (Dreyer 1998: 175).

In der egalitären Gesellschaft Alteuropas gab es keine Herrscher im Königsrang und auch keine politische Elite. Als entscheidender Vergleichspunkt für die Beschriftung der alteuropäischen Figurinen bliebe damit die Identifizierung der Zeichen als Namen von Stiftern, vielleicht von Vertretern einzelner Sippen oder Großfamilien. Die Gliederung der Häuser in den Wohnbezirken der Siedlungen in der Donau-Region lassen jedenfalls eine Gruppierung nach Sippen erkennen (Hodder 1990: 60 f.). Der Backofen zum Backen von Brot war im Allgemeinen der Mittelpunkt der Heimstätten, was auf eine bevorzugte Stellung der Frau nicht nur in der Hausgemeinschaft, sondern auch für die Sippenordnung schließen lässt (Hodder 1992: 67). Gimbutas (1991: 324) identifiziert die Gesellschaftsform Alteuropas als »matristic« bzw. »matrilineal«, was auf eine Gleichrangigkeit von Frauen und Männern hindeutet, und sie distanziert sich ausdrücklich von dem Begriff Matriarchat, der die Vorstellung einer weiblichen Vormachtstellung assoziiert. Der Sachverhalt, dass Figurinen häufig neben Backöfen gefunden worden sind, mag auf die enge Beziehung zwischen weiblicher Ikonographie und weiblicher Spiritualität hindeuten.

Eine andere Vergleichsmöglichkeit bieten die beschrifteten Votivstatuetten der frühdynastischen Ära in Mesopotamien. Die ökonomische Funktion der altsumerischen Schrift (Piktographie) zwischen ca. 3200 und ca. 2700 v. Chr. dominiert weiterhin unser Verständnis der Schriftentstehung in Mesopotamien, obwohl gerade die Übergangsperiode mit der Umstellung auf die Technologie der Keilschrift illustrativ für die Ausweitung in den Bereich religiöser Funktionen ist (Haarmann 2010a). Die ältesten Inschriften in Keilschrift sind Votivtexte, die auf Statuen und Figurinen eingraviert sind.

Der älteste Typ einer beschrifteten Statue ist die Darstellung eines Herrschers mit einer Widmungsinschrift für die lokale Gottheit des jeweiligen Stadtstaates. Zunächst waren die Inschriften kurz und gaben nur den Namen des Stifters wieder. Später waren die Inschriften länger und elaborierter und bedeckten große Teile der Statue. Bei den Figurinen kann es sich um Darstellungen von Adoranten als Votivgaben handeln, wie beispielsweise eine Statuette mit einer Widmungsinschrift für die Göttin Ninigal, oder um stilisierte, spitz auslaufende Figuren aus Bronze, deren Körper mit einer Gründungsinschrift für ein Tempelgebäude bedeckt ist. Solche Figurinen fungierten als Nägel, die – jeweils ein Nagel für eine Konstruktion – in die Verstrebung aus Holz getrieben wurden und das Ereignis des Tempelbaus memorierten (s. Walker 1990: 39 f., Merlini 2009a: 63 für Abbildungen).

Später im Horizont der Zeit – allerdings ähnlich in ihrer Orientierung an den Funktionen von Votivgaben – liegen die zahlreichen, mit Votivinschriften versehenen Figurinen der klassischen Antike, d. h. die beschrifteten griechischen, etruskischen und römischen Statuetten. Deren Texte enthalten Informationen über den Stifter und die Gottheit, der die Skulptur gewidmet ist. Es bleibt hier einschränkend festzustellen, dass die antiken Votivinschriften zumeist länger sind als die Inschriften auf den alteuropäischen Figurinen, sodass der Informationsgehalt der letzteren begrenzter ist. Ob nun Stiftername oder das Logogramm der Gottheit, in jedem Fall gibt es nur eine sinnvolle Alternative für die Deutung der Zeichensequenzen auf den Figurinen der Donauregion, nämlich sie den religiösen Textgenres zuzurechnen.

Zusätzlich zum Inhalt dessen, was durch Schriftzeichen ausgedrückt wurde, besaß die Schrift in den frühen Zivilisationen auch die Funktionen eines magischen Mediums. Schrift im Dienste der Magie ist aus der altägyptischen Kultur wohlbekannt. Auch in bestimmten Kontexten der Donauzivilisation gibt es Anzeichen für schriftmagische Funktionen. Die Vielzahl an Figurinen, die an Kultstätten und in Heiligtümern gefunden wurden, lässt eine bestimmte Ordnung erkennen, in der Ornamente und Schrift auftreten. Für das im östlichen Rumänien, nahe der Grenze zu Moldova gelegenen Heiligtum von Isaiia ist diese Ordnung näher untersucht worden (Ursulescu/Tencariu 2006).

Das Heiligtum wurde Ende des 20. Jahrhunderts entdeckt und in mehreren Kampagnen in den Jahren von 2000 und 2005 ausgegraben. Der kulturelle Horizont ist die frühe Kupferzeit, d. h. die erste Hälfte des 5. Jahrtausends v. Chr. Insgesamt wurden 21 weibliche Figurinen gefunden, die sämtlich stark stilisierte Konturen aufweisen. Von diesen sind 15 dekoriert, zwei sind mit Halsketten dargestellt, aber nur eine einzige Figurine ist auf dem Rücken in Schulterhöhe beschriftet. Von den Figurinen sitzen 13 auf thronähnlichen Stühlen. Identische Zahlenverhältnisse sind ebenfalls für das Heiligtum von Poduri am Ostrand der Karpaten festgestellt worden.

»Es ergibt sich als Schlussfolgerung, dass es eine Zahlenmagie in der formativen Phase der Cucuteni-Kultur gab, mit einheitlichen symbolischen Ausdrucksformen im Gefüge eines einheitlichen religiösen Systems« (Ursulescu/Tencariu 2006: 136).

Noch eine andere Beobachtung kann gemacht werden. Offensichtlich wurde der Beschriftung auf der einen bestimmten Figurine eine starke magische Ausstrahlung beigemessen und deren Inhalt als Segnung bzw. Schutzfunktion – gleichsam kollektiv – für das gesamte sakrale Ensemble empfunden, sodass es nicht notwendig war, auch alle anderen Figurinen zu beschriften. Diese Beobachtung mag auch zum Teil den Sachverhalt erklären, dass von den Tausenden von Figurinen Alteuropas nur einige Hundert Inschriften tragen.

Die Figurinen spielten nicht nur eine zentrale Rolle im Geschenkaustausch zwischen den Bewohnern der lokalen Siedlungen in der Donauregion, diese Artefakte waren auch das kommunikative Medium, über das sich die Kenntnis von Kultursymbolen und Schriftzeichen verbreitete und überregionale Geltung erhielt. Ohne das Medium der Figurinen wäre die relativ weite Ausstrahlung des Schriftgebrauchs in den Kulturprovinzen Südosteuropas kaum verständlich.

② Beschriftete Spinnwirtel und Webgewichte

Die Technologie des Spinnens und Webens, d. h. der Herstellung von Textilien unter Verwendung von Wollfäden, ist seit dem frühen Neolithikum (7. Jahrtausend v. Chr.) in Südosteuropa bezeugt. Schon früher wurden Pflanzenfasern für einfache Webprodukte verwendet, aber voll ausgebildet tritt dieses Handwerk erst im Zusammenhang mit den Innovationen auf, die der Pflanzenanbau und agrarische Lebensweisen mit sich brachten. Die entwickelte Webtechnik ist also Teil des sogenannten »Neolithic package«. Von den zwei Haupttypen des Webrahmens war in Südosteuropa und Anatolien der vertikale Rahmen in Gebrauch, bei dem die Fäden senkrecht an Webgewichten hängen und die Schussfäden von der Seite mit einem Weberschiffchen durchgeschoben werden.

Archäologische Hinweise auf die Verwendung von Webrahmen vermitteln die zahlreichen Webgewichte in den Heimstätten der neolithischen Siedlungen. Nach der geographischen Verteilung der Webgewichte und deren chronologischer Zuordnung zu schließen, ist die zentrale Balkanregion das Ursprungsgebiet, und von dort hat sich die Webtechnik nach Süden in den ägäischen Raum sowie nach Nordwesten (Ungarn) ausgebreitet (Barber 1991: 98).

Was die Webutensilien für die Forschung zur Donauschrift interessant macht, ist der Umstand, dass unter den Tausenden von Webgewichten und Spinnwirteln viele sind, auf denen Zeichen – zumeist in Gruppen – eingraviert sind. Die Platzierung der Zeichensequenzen auf Spinnwirteln deutet auf planvolle Reihung. Bei längeren Inschriften ist deutlich die Sorgfalt zu erkennen, mit der die Zeichen bei maximaler visuell-ästhetischer Nutzung des verfügbaren

Platzes gruppiert sind. Die Zeichengravierungen auf den Spinnwirteln sind zweifellos intentional und bedeutungsvoll und kein Nebenprodukt praktischer Webarbeit, also keine Kratzspuren (Abbildung 25; siehe auch Abbildung 3b auf Seite 30).

a) Spinnwirtel (nach Winn 1981: 222)

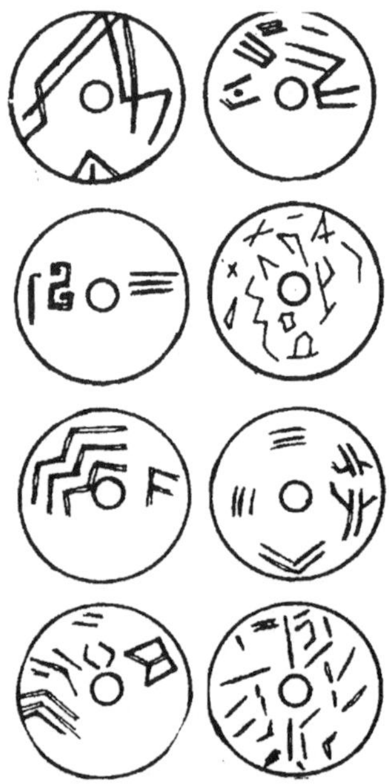

b) Webgewichte (nach Maxim 1999: 85)

Abbildung 25: Beschriftete Spinnwirtel und Webgewichte aus den Kulturprovinzen der Donauzivilisation

Beim Vergleich der Inschriften auf einzelnen Spinnwirteln stellt sich heraus, dass es Parallelismen in der Gruppierung von Zeichen gibt. Bespielsweise gibt es auf Spinnwirteln vom Fundort Jela (nördlich von Belgrad) drei Konfigurationen von jeweils zwei Zeichen in einer Gruppe (Abbildung 26). Dies lässt darauf schließen, dass es sich beim Text um eine formelhafte Wendung handelt, in der bestimmte Kernbegriffe wiederholt auftreten.

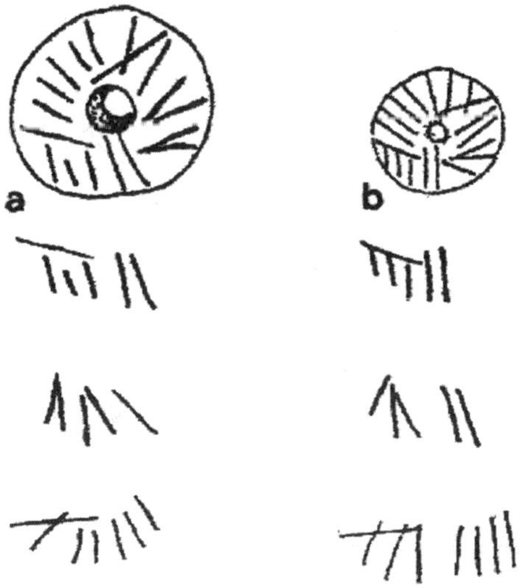

Abbildung 26: Beschriftete Spinnwirtel aus Jela mit parallelen Zeichensequenzen (nach Winn 2009: 59–60)

Die Periode, während der Spinnwirtel beschriftet und verwendet wurden, erstreckt sich vom 6. Jahrtausend v. Chr. bis ins ausgehende 4. Jahrtausend v. Chr. Im nordöstlichen Außenlieger der Donauzivilisation, in der Trypillya-Kultur der südlichen Ukraine, sind beschriftete Spinnwirtel bis in die Zeit um 2600 v. Chr. bezeugt und zwar in Siedlungen der Dnepr-Region.

Das Weben ist eine praktische handwerkliche Tätigkeit, und es stellt sich die Frage, welche Bedeutung Inschriften auf den Utensilien haben, die dafür verwendet werden. In keiner Kultur spielt Schrift als Hilfsmittel beim Weben eine Rolle, und eine sinnvolle Verwendung von Schrift erschließt sich nicht, wenn man auf einer Betrachtung des Webens als einer ausschließlich praktischen Arbeit beharrt. Versetzt man sich aber in die Lage der neolithischen Ackerbauern, dann war Weben für diese weit mehr als eine handwerkliche Tätigkeit. Die Vorstellungswelt der Alteuropäer entzieht sich zwar einer direkten Beobachtung, ein Vergleich mit den soziokulturellen Bedingungen späterer Epochen – in den Gemeinschaften der Nachkommen dieser Alteuropäer – vermittelt Anhaltspunkte für eine Deutung.

Die griechische Antike hat uns viel Wissen über die damalige Vorstellungswelt in Bildern und Texten überliefert und in jener Welt interagierten die Gottheiten noch mit den Menschen. Die griechische Mythologie ist reich an Erzählstoffen, in denen vom Ursprung der Dinge berichtet wird. In den Ursprungsmythen wurde nicht nur die Entstehung der Welt im Allgemeinen erklärt, sondern es wurden auch alle Institutionen der griechischen Gesellschaft ausgedeutet, und dies betraf soziale Einrichtungen ebenso wie handwerkliche Technologien. Der Ursprung aller zivilisatorischen Errungenschaften wurde mythisch verklärt und mit dem Wirken einer Gottheit assoziiert. Auf diese Weise erklärte man den Ackerbau, die Töpferei, das Rechtswesen, Kunst und Wissenschaft als göttliche Gaben für die Menschheit, und auch das Weben war vom Flair göttlicher Segnung umgeben.

Dem Mythos zufolge brachte die Göttin Athene den irdischen Frauen das Spinnen der Wolle bei und ebenso das einfache Weben und das Musterweben. Das Weben wird bereits in der ältesten epischen Literatur als Domäne der Frauen ausgewiesen, so in Homers »Odyssee« (I, 356–57). Athene ist in dieser Kunst die geschickteste. Die Geschicklichkeit der Göttin in der Weberei wird vom Göttervater Zeus selbst in Anspruch genommen, denn auf sein Geheiß weiht Athene Pandora – nachdem dieser Leben eingehaucht worden war – in die Geheimnisse der Webkunst ein (Hesiod »Erga« V, 64 f.). Vom Kleid der Hera wird in der »Ilias« (XIV, 178–79) gesagt: »... das hatte Athene fein und künstlich gewirkt und reich verziert mit Gebilden«.

In der »Odyssee« (VII, 110) wird berichtet, dass Athene die Frauen von Phäakien unterrichtet und sie zu den besten Weberinnen gemacht hätte. In der späteren Überlieferung wird auch ein sehr menschlicher Zug Athenes erwähnt. Die ehrgeizige Arachne hatte sich hinreißen lassen, einen Stoff zu weben, der vollkommener war als das, was die Göttin selbst geschaffen hatte. Vor Neid wutentbrannt zerriss Athene den Stoff und verwandelte Arachne in eine Spinne (Ovid »Metamorphosen« 6, 5–145).

Athene wurde durch alle Epochen der griechischen Antike als Schutzpatronin dieses Handwerks verehrt. Als symbolische Ehrung webten die Frauen von Athen der Göttin ein langes Gewand, den Peplos, der aus Anlass der alljährlich stattfindenden Feierlichkeiten, der Panathenaia, ins Heiligtum der Athene auf der Akropolis gebracht und der Statue der Göttin umgehängt wurde (Burkert 1985: 141).

Die Assoziation der Athene mit der Webkunst ist wahrscheinlich ein altes Erbgut aus der Bronzezeit, wie überhaupt Gestalt und Kult dieser Göttin selbst auf vorgriechische Ursprünge zurückgehen, also über die archaisch-griechische und mykenisch-griechische Periode hinaus auf viel ältere Traditionen weist (Haarmann 1996: 168 ff.). Damit wird auch die Annahme wahrscheinlich, dass entsprechende Vorstellungen von einer göttlichen Segnung der Webkunst bis in die Zeit zurückreichen, als sich diese Technologie bei den frühen Ackerbauern Europas verbreitete.

Hinweise auf vorgriechische Ursprünge der Webkunst bei den Griechen vermittelt auch die Sprache. Die Terminologie des Spinnens und Webens ist im Altgriechischen reich an Spezialausdrücken und Synonymen. Der Variantenreichtum des altgriechischen Wortschatzes in diesem Bereich erklärt sich zum Teil damit, dass zahlreiche Lehnwörter der alteuropäischen (= vor-indoeuropäischen) Sprache vom Griechischen adaptiert und in den Bestand der indoeuropäischen Erbwörter integriert wurden (Barber 1991: 278 ff.). Für etliche Begriffe im Kontext der Textilherstellung gibt es im Altgriechischen keine Erbwörter. Beispielsweise sind die Ausdrücke für 'Spinnwirtel' (altgriechisch *spondulos*) und 'Webgewicht(e)' (altgriechisch *laiai*) alteuropäischer Herkunft.

Utensilien des Spinnens und Webens sind ein fester Bestandteil der archäologischen Hinterlassenschaft der Antike. Dazu gehören auch Spinnwirtel mit altgriechischen Inschriften und die haben entsprechend der mythischen Verklärung dieses Handwerkszweigs einen religiös-mythologischen Inhalt. Es handelt sich dabei um Invokationen, um Anrufungen der Schutzpatronin Athene, die um gutes Gelingen und Segnung der fraulichen Handarbeit gebeten wird. Es ist naheliegend, ähnliche Inhalte für die Inschriften auf den alteuropäischen Spinnwirteln zu postulieren.

Shan Winn, der als erster das Zeichenrepertoire auf Spinnwirteln genauer untersucht hat, hebt folgende Alternativen für eine inhaltliche Interpretation der Texte hervor: »(1) magische Markierungen, um eine erfolgreiche Garnproduktion oder aus Wolle hergestellter Endprodukte sicher zu stellen, oder vielleicht um Glück und Wohlergehen für die Person zu erwirken, die spann oder webte; oder (2) mehr formelhafte rituelle Markierungen zum Ausdruck von Hingabe, Wünschen usw.« (Winn 1981: 245).

Angesichts der Einbettung des Spinnen und Webens in ein Milieu, in dem die Segnungen dieses Handwerks mythisch verbrämt waren, wird auch verständlich, weshalb viel Mühe und Sorgfalt für die Bearbeitung einzelner Werkstücke aufgewendet wurde, wie im Fall eines beschrifteten Webgewichts von Turdaş, für das wegen seiner aufwendigen Herstellungstechnik im Katalog der Ausstellung von Cluj (2009) Sonderfunktionen als »cultic disc« (cat. 20) postuliert werden (siehe »Ausgewählte Schriftdokumente«).

Die Zeichen auf den Spinnwirteln (und ebenso auf den Webgewichten) sind sämtlich abstrakt. Die Hauptmotive sind Strichkombinationen (mit zwei oder drei senkrechten oder auch diagonalen Strichen), das nach oben geöffnete sowie das umgekehrte V-Zeichen, außerdem Winkelzeichen (einfach oder in Doppelung); (Lazarovici 2009: 78).

③ Mit Inschriften versehene Miniaturaltäre

Zu den charakteristischen Artefakttypen (Leitformen) der Donauzivilisation gehören u. a. Miniaturaltäre, die in einer reichen Formenvielfalt auftreten. Die Altäre sind kleinformatig, mit Längen, Breiten und Höhen, die im Allgemeinen zwischen 20 und 40 cm liegen. Am häufigsten sind Altäre in Form von Opfertischen, mit einer Vertiefung für Libationsgaben (Trankopfer). Opfertische – mit oder ohne aufgesetzte skulpierte Frauengestalten – waren in allen Kulturprovinzen verbreitet und sind besonders zahlreich im Areal der Karanovo-Kultur in Bulgarien (Nikolov 2007) und der Cucuteni-Kultur in Rumänien (C.-M. und Gh. Lazarovici 2007). Die Opfertische stehen entweder auf drei oder vier Beinen. Altäre mit drei Beinen sind am weitesten verbreitet.

Für die Opfertische mit aufgesetzten weiblichen Skulpturen ist neuerlich eine Interpretation vorgeschlagen worden, die an die Forschungen von Marija Gimbutas zum spirituellen Wesen der Figurinen anknüpft.

»Die anthropomorphen Gestalten ... können mit der Muttergöttin in Verbindung gebracht werden ... wodurch es möglich wird, die Altäre des hier diskutierten Typs als gleichförmige Umrisse des Unterkörpers zu deuten, mit der Vulva und dem Schoß der Göttin. Es ist nötig, an dieser Stelle hervorzuheben, dass die Innenseite des Beckens (der Schoß) und die Unterseite des Altars (die Vulva) oft weiß bemalt sind, und diese Farbe symbolisiert Fruchtbarkeit und Leben bei den Ackerbauern im prähistorischen Bulgarien, ...« (Nikolov 2009: 142).

Eine besonders ausgefallene Variante sind anthropomorphe Hausaltäre. Dies sind Hausmodelle, auf deren Dächern jeweils eine skulpierte Frauengestalt aufgesetzt ist. Anthropomorphe Hausaltäre sind besonders häufig an Fundstätten der Vinča-Kultur in Makedonien (Kolištrkoska Nasteva 2005: 58 ff.). Die Hausstrukturen sind innen hohl. Wahrscheinlich waren die Tür- und Fensterhöhlen gedacht, dass durch sie Opfergaben ins Innere gelegt wurden.

Andere Typen von Miniaturaltären sind Podeste mit konisch geformten Aufsätzen. Diese Aufsätze sind wie die Podeste aus gebranntem Ton und haben abgerundete Ränder. Ein Altar kann einen einzelnen Aufsatz oder auch mehrere haben. Möglicherweise ist dieser Altartyp ein Fortsetzer von Altären der präkeramischen Periode, die aus Stein gehauen waren. Solche Frühformen sind von den Fundstätten Lepenski Vir und Vlasac bekannt.

Es besteht unter Archäologen ein Konsens hinsichtlich der Funktion dieser Artefakttypen als Altäre und diese Erkenntnis war nie umstritten. Miniaturaltäre sind in Heiligtümern gefunden worden, beispielsweise in Parţa, ein gut dokumentierter Fundort in Transilvanien (Lazarovici et al. 2001). Sie gehören auch zur Ausstattung vieler privater Heimstätten. Die rituelle Fuktion von Opfertischen ist in den Haushalten daran zu erkennen, dass sie – getrennt von der Gebrauchskeramik – an bestimmten, vom eigentlichen Wohnbereich abgesonderten Plätzen aufgestellt sind. Für diese Artefakte ist eine Funktion als Hausaltäre postuliert worden.

Die Opfertischaltäre sind teilweise reich ornamentiert und zwar nicht nur auf der Außenwandung, sondern auch auf der Oberfläche der Libationshöhlung. Die Motive des ornamentalen Designs entsprechen denen auf den Tonstempeln. Wieder andere Altäre sind nicht ornamentiert, allerdings beschriftet, mit Einzelzeichen oder Zeichensequenzen in linearer Ordnung. Angesichts der spezifischen Funktion der Altäre für religiöse Zeremonien ist es folgerichtig, die Inschriften auf Altären nach ihrem Inhalt dem gleichen religiös orientierten Textgenre zuzuordnen wie die auf Figurinen (s. o.); (Abbildung 27).

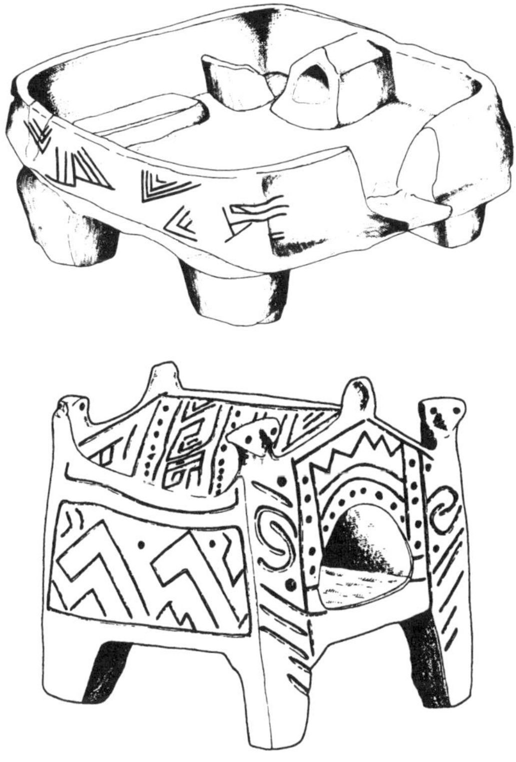

Abbildung 27: Beschriftete Miniaturaltäre aus den Kulturprovinzen der Donauzivilisation (nach Gimbutas 1991: 95, 313)

Das Repertoire der Zeichen, die in den Beschriftungen von Miniaturaltären auftreten, sind sämtlich abstrakt-stilisiert. Häufig findet man das Dreieck mit diakritischem Strich, das umgekehrte V-Zeichen in einfacher Form sowie in Doppelung, nicht aber das nach oben geöffnete V-Zeichen (Lazarovici 2009: 79 f.).

④ Beschriftete Weihgefäße

Zum Kreis der Artefakte mit sakralen Funktionen gehören Gefäße für Trankopfer (Libationen), d.h. für Flüssigkeiten (z.B. Wasser, Pflanzenöl, Wein), die anlässlich ritueller Handlungen ausgegossen wurden. Der Begriff »Weihgefäß« ist übergreifend und bezieht sich auf die primäre Funktion dieser Behälter, die nicht für den praktischen Gebrauch in den Haushalten gedacht waren. Insofern kann eine flache Kultschale ebenso ein Weihgefäß sein wie ein Tonkrug mit oder ohne Henkel. Weihgefäße sind zumeist im Kontext von sakralen Plattformen, Hausaltären und Figurinen gefunden worden.

Es gibt einige Eigenschaften, durch die sich Weihgefäße von Gebrauchskeramik unterscheiden. Weihgefäße sind nicht wie Behälter des Alltagsgebrauchs dafür gedacht, größere Mengen an Flüssigkeit aufzunehmen. Das ist unter anderem daran zu erkennen, dass es sich bei Weihgefäßen häufig um Behälter in Miniaturformat handelt, ähnlich wie die Miniaturmodelle von Tempeln. Weihgefäße fallen außerdem durch ihre sorgfältige Bearbeitung und ornamentale Dekoration auf. Weiterhin werden gerade Weihgefäße mit Vorliebe beschriftet. Es ist derzeit nicht möglich, genauere Angaben über das Verhältnis beschrifteter Weihgefäße zu solchen ohne Inschriften zu machen. Dies hat einen besonderen Grund.

Es gibt in den Datenbanken keine übergreifende Rubrik »Weihgefäße«, denn viele Artefakte sind zerbrochen und oft sind zu wenig Scherben erhalten, als dass eine eindeutige Rekonstruktion der Gefäßform möglich wäre. Die übergreifende Rubrik in den Datenbanken ist »potshards« (Scherben). Diese Benennung lässt nun nicht den Unterschied zwischen Gefäßen für kultische Handlungen einerseits und für den Alltagsgebrauch andererseits erkennen. Die beschrifteten Scherben, die registriert werden, können daher nicht zweifelsfrei der Kategorie »Weihgefäß« zugeordnet werden (siehe Starović 2004: 51ff. für eine reiche Auswahl an beschrifteten Tonscherben). Unter diesen Umständen ist es nicht verwunderlich, wenn der Anteil der Objekte unter der Sammelrubrik »potshards« an der Gesamtzahl aller archivierten Artefakte mit Inschriften vergleichsweise am größten ist und zwar rund ein Viertel (24,7% nach den Angaben von Merlini 2008: 59).

In vielen Kontexten mit Ensembles von Gefäßen und Utensilien für kultische Handlungen findet man nur einen einzelnen Artefakt, der mit einer Inschrift versehen ist. Es entsteht der Eindruck, als ob in solchen Kontexten die Gesamtheit der Objekte den sakralen Charakter markiert, und auch die Inschrift – als Weihinschrift oder Anrufung – auf nur einem der Objekte unterstreicht die Kultfunktion für alle Utensilien in dem betreffenden Ensemble. Ähnliche Beobachtungen gelten auch für das Verhältnis von Figurinen mit und ohne Inschrift an Kultplätzen (s.o.).

Ähnlich wie auf anderen beschrifteten Artefakten auch können die Inschriften auf Weihgefäßen verschiedene Länge haben. Die meisten sind kurz und bestehen nur aus wenigen Zeichen. Einige sind jedoch länger und gehören überhaupt zu den längsten Texten, die in der Donauschrift geschrieben worden sind (Abbildung 28).

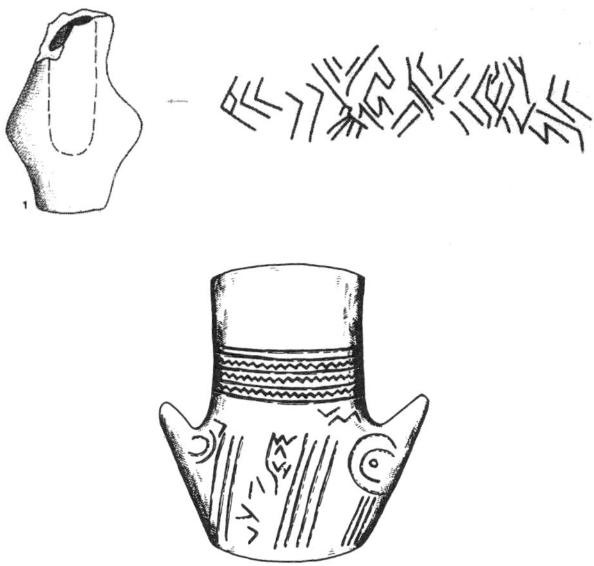

Abbildung 28: Inschriften verschiedener Länge auf Weihgefäßen aus den Kulturprovinzen der Donauzivilisation (nach Gimbutas 1991: 312)

Einzelheiten darüber, wie die Rituale im Einzelnen ausgeführt wurden, bei denen Weihgefäße eine Rolle spielten, sind nicht bekannt. Im Rahmen eines ethnographischen Vergleichs allerdings ist es möglich, sich dieser Thematik anzunähern und einiges Licht auf die religiösen Verhältnisse der frühen Ackerbauern Südosteuropas zu werfen. Die Verwendung von Weihgefäßen und ihre zentrale Rolle im Kultwesen ist für die archaische und klassische Periode der griechischen Antike umfassend untersucht worden. Viele Traditionen des griechischen Polytheismus sind vorgriechischen Ursprungs – wie etwa das Fest der Thesmophoria zu Ehren der Kornmutter Demeter, das nur von Frauen gefeiert wurde –, und so ist es kaum abwegig anzunehmen, dass auch Opfer- und Weihrituale aus der Prähistorie tradiert wurden.

Der Sinn altgriechischer Trankopfer wird folgendermaßen beschrieben: »Flüssigkeitsopfer (Trankopfer) wurden allgemein dargebracht, um Gebete zu verstärken. Die als Opfergabe bestimmte Flüssigkeit konnte aus flachen Schalen oder Weinkrügen ausgegossen werden, entweder auf einen Altar oder direkt auf den Boden. Flüssigkeitsopfer waren insbesondere mit den Toten assoziiert und mit den Kräften der Erde, auf die sie gegossen wurden. Flüssige Opfergaben waren daher für Begräbnisriten geeignet, ebenso für Rituale, mit denen Götter and Helden geehrt wurden. ... Wein war eine beliebte Flüssigkeit für Opfergaben, aber es wird uns auch von Ritualen berichtet, für die Wasser, Milch, Öl oder Honig benötigt wurden« (Connelly 2007: 176).

Den Alteuropäern standen die gleichen Flüssigkeiten zur Verfügung, wie sie im antiken Griechenland für Trankopfer verwendet wurden, d. h. zusätzlich zu Wasser auch Wein, Milch, Öl (z. B. Olivenöl) und Honig.

Die Miniaturformate der alteuropäischen Weihgefäße imitieren die verschiedenen Gefäßtypen in Originalgröße. Es finden sich allerdings einige wenige Sonderformen, von denen nur Miniaturversionen existieren. Diese könnte man als Unikate bezeichnen. Ein solches beschriftetes Objekt ist das Siegelgefäß von Daia Română (Transilvanien), das seinen Namen von der siegelähnlichen Gestaltung der Außenfläche hat.

Dieses Gefäß wurde 1962 zusammen mit zwei Figurinen an einem neolithischen Fundort nahe Daia Română ausgegraben. Es wird ins späte 5. Jahrtausend v. Chr. datiert. Die Zeichen auf der Unterseite des Gefäßes ähneln in ihrer hochgradigen Abstraktheit denen auf anderen Artefakten des Kulturareals von Turdaş und lassen sich mit den inventarisierten Zeichenformen der Donauschrift identifizieren (Abbildung 29).

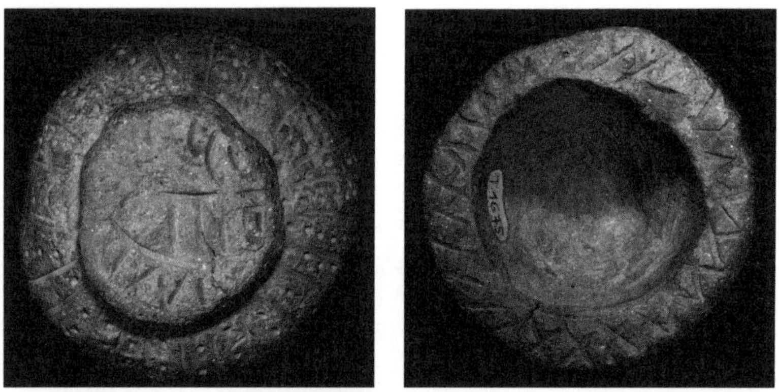

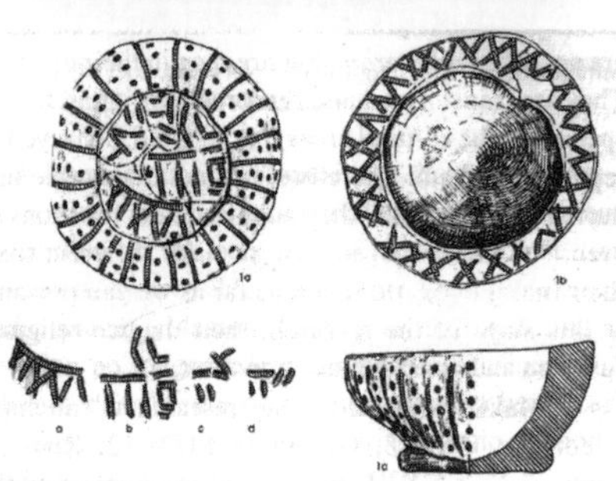

Abbildung 29:
Das Siegelgefäß von Daia Română (Transilvanien) (nach Paul 2009: 133)

Dass es sich bei der Gruppierung von Motiven um Schriftzeichen handelt, wird von denen befürwortet, die diesen Artefakt näher untersucht haben. Da es bei diesem Gefäß nicht um eines mit alltäglichen Gebrauchsfunktionen geht, darf man annehmen, dass sich die Beschriftung nicht auf alltägliche Belange bezieht, sondern der Kommunikation zwischen den Menschen und spirituellen Mächten gewidmet ist. Will man den Vergleich mit kurzen altgriechischen Weihinschriften bemühen, so mögen die alteuropäischen Inschriften entweder den Namen des Stifters oder der Gottheit – oder beide – beinhalten.

Es gibt allerdings auch Interpretationen, wonach die Zeichen in der Mitte der Sequenz als Piktogramme gedeutet werden, die Ziegen darstellen (Paul 2009: 132 ff.). Die Zeichengruppe wäre demnach ein Kurztext mit Anspielungen auf eine Szene der alteuropäischen Mythologie. Sowohl die Zeichendeutung als auch der Bezug zur Mythologie bleiben allerdings spekulativ.

⑤ Beschriftete Votivgaben

Zum facettenreichen Kultleben der Alteuropäer gehörte auch die Sitte, Votivgaben an Orten ritueller Handlungen abzulegen, sei es aus Anlass religiös-kommunaler Festlichkeiten oder als Zeichen persönlicher Andacht. Votivgaben mögen auch für Opferhandlungen verwendet worden sein, bevor sie an heiligen Stätten hinterlassen wurden. Es gab eine Vielzahl der verschiedensten Artefakte mit einer Bestimmung als Votive. Am häufigsten sind dies solche Objekte, die eindeutig nicht für den Alltagsgebrauch gedacht waren, wie beispielsweise aus Ton gefertigte Backöfen in Kleinformat oder auch Tempelmodelle in Miniaturausfertigung (Gimbutas 1991: 257 ff., Lazarovici/Lazarovici 2007: 238 ff.). Von größeren Bauten sind nur spärliche Reste erhalten, allerdings lässt die Gestalt der Miniaturtempel erahnen, dass es eine eigene Domäne der Architektur – für Sakralbauten – in den Kulturzentren der Donauzivilisation gegeben haben muss. Ein Tempelmodell von Că scioarele (Rumänien) zeigt eine zweistöckige Konstruktion mit vier kapellenähnlichen Aufsätzen.

Als Votive findet man ebenfalls kleinformatige Brotlaibe aus gebranntem Ton. Zusammen mit den Miniaturbacköfen stellen diese Artefakte elementare Symbole der agrarischen Lebensweise dar und ihre Präsenz an heiligen Stätten fügt sich in das Gesamtbild der Mystifizierung der Agrartechnologie als göttliches Geschenk, getragen von dem, was der »Neolithic spirit« genannt wird: »Backen war möglicherweise eine Tätigkeit, die mit ritueller Bedeutung behaftet war – Backen ist bis heute eingebunden in viele Rituale zu Festlichkeiten – …« (Anthony 2009a: 42).

Pflanzenanbau unter dem Patronat einer Gottheit ist typisch für alle frühen Zivilisationen. In der altsumerischen Mythologie kam der Göttin Nisaba die

Rolle einer »Kornmutter« zu. Das Logogramm der Göttin ist eine Getreideähre mit Schaft. Erst später wurde sie als Göttin des Rechnungswesens und der Schreibkunst verehrt (Frymer-Kensky 1992: 223 f.). Im antiken Griechenland ist die Rolle der Kornmutter mit Demeter assoziiert, die nach alter mythischer Überlieferung - im homerischen Demeter-Hymnos aus dem 8. Jahrhundert v. Chr. – die Menschen mit dem Ackerbau vertraut macht (Foley 1999).

Die Tradition der Brotlaibidole als Votivgaben setzt sich vom Neolithikum durch alle Perioden fort bis in unsere Zeit.

»In der Spätantike wurden Brot und Kuchen für rituelle Zwecke in verschiedenen Formen gebacken – als Laib, Schlange, Vogel, Tier, Blume – oder sie trugen eingestempelte Muster. Es besteht kein Zweifel, dass diese Sitte im Neolithikum ihren Anfang nahm, und es ist sehr wahrscheinlich, dass neolithische Stempel mit verschiedenen reliefierten oder eingekerbten Symbolen verwendet wurden, um das passende ornamentale Muster in die Brote und Kuchen zu pressen, die einer bestimmten Göttin gewidmet waren« (Gimbutas 1989: 147).

Die Rolle der Kornmutter wird in der christlichen Ära auf die Gottesmutter Maria übertragen. Die Route von Athen zum Heiligtum der Demeter in Eleusis wird bis heute als Prozessionsweg der orthodoxen Christen für ihre Marienverehrung frequentiert. Die Umdeutung von Kultursymbolen aus vorchristlicher Zeit in der christlichen Ära geht auf die Zeit der Spätantike zurück. Zu den Zeitzeugen für diese Wandlungen gehören Brotstempel, auf denen sich Bildmotive und Schriftzüge zu einer visuellen Symbiose vereinen, wie auf einem sorgfältig bearbeiteten Stück aus der Periode der Vandalenherrschaft in Nordafrika (Abbildung 30).

Abbildung 30: Brotstempel aus La Mohamédia (5. Jahrhundert n. Chr.; Tunesien) (nach Hattler 2009: 322)

»Schon in vorchristlicher Zeit war die Sitte verbreitet, Bilder in Brotlaibe zu stempeln; sei es aus religiösen Gründen oder einzig zur Zierde. Dieser Brotstempel wurde wohl für eucharistisches Brot verwendet. Dafür sprechen das

Bild – der Hirsch hinter einem Lebensbaum als Symbol für Christus – und die umlaufende Inschrift aus dem Johannesevangelium: *Ego sum panis vivus cui de celo descendi* (Ich bin das lebendige Brot, das vom Himmel herabgekommen ist)« (Finke 2009: 322).

In den Ländern der Donauregion hat sich die Sitte erhalten, anlässlich von Festlichkeiten rituelle Brote zu backen, die vom Priester gesegnet werden. In einigen Ländern gehören reich mit traditionellen Symbolen verzierte Brote zu fast allen festlichen Anlässen, wie in Bulgarien. Die Hauptfeste sind das Weihnachtsfest und das Frühlingsfest zu Ehren des Heiligen Georg. Zu beiden Gelegenheiten spielen rituelle Brotgaben eine zentrale Rolle:

Rituelle Handlungen anlässlich des Weihnachtsfestes

»Nachdem Weihrauch über dem gedeckten Tisch verbrannt worden ist, werden Segensformeln und gute Wünsche ausgesprochen, und anschließend folgt das rituelle Brechen des rituellen Brotlaibs (bogovitsa). Wenn der runde Brotlaib angebrochen ist, ist das erste Stück für den/die Verstorbenen (für die Heilige Jungfrau oder für den Herrn) bestimmt, und es wird neben die Ikone gelegt. Danach erhält jedes Familienmitglied ein Stück in der richtigen Reihenfolge und ein Stück wird für das Vieh auf dem Bauernhof übrig gelassen. Ein Löffel voll Weizen wird ins Feuer geworfen mit Anrufungen für gute Gesundheit und eine reiche Ernte« (Vasileva 2003: 21 f.).

Rituelle Handlungen anlässlich des Frühlingsfestes zu St. Georg

»Vor Tagesanbruch bringen die Schäfer die Herden heraus, nachdem sie die neugeborenen Tiere ausgesondert haben, um die Tiere für eine Weile grasen zu lassen. Wenn sie nach Sonnenaufgang zurückkehren, folgt das rituelle Melken der Mutterschafe, die prèdoi, prèdui genannt werden. Das erste Mutterschaf, das geworfen hatte, wird in einen Eimer gemolken, der mit einem Kranz geschmückt ist. Dann wird ein frisch gebackenes Brot mit einem Loch in der Mitte darauf gelegt.

… Nach dem Melken gießt er [der Schäfer] ein wenig von der Milch auf ein Ei (an einigen Orten ist dies ein bemaltes Osterei) und vergräbt es in dem Loch. Die Leute glauben, dass dies bösen Zauber und Krankheiten fern hält und dem Wohl der Herde dient. In westlichen Gegenden rollt eine junge Braut oder eine junge Frau das Brot mit dem Loch, durch das die Milch gegossen worden ist, mitten durch die Herde. Je nach dem, auf welche Seite sich das Brot dreht, werden Vorhersagen über die abgegebene Menge an Milch getroffen.

... Ein besonderer Anlass beim Festmahl ist für das Ritual des Brots zu Ehren des Heiligen Georg (Gergyovdenski Hlyab) vorgesehen. Alle Frauen bereiten die für das Fest bestimmten Mahlzeiten vor. Den Festschmaus begleiten interessante rituelle Handlungen. In Ostbulgarien stehen die jungen Bräute an der Festtafel, damit ›der Hanf hoch wachsen möge‹. Dann laufen sie weg, während die Kinder ihnen Brotkrumen für eine gute Ernte nachwerfen« (Vasileva 2003: 35 ff.).

Viele der neolithischen Brotlaibvotive sind mit Ornamenten versehen. Soweit die Votive auch beschriftet sind, setzen sich die Inschriften ausschließlich aus abstrakten (an-ikonischen) Zeichen zusammen (Abbildung 31).

Abbildung 31: Beschriftete Brotlaibvotive aus der Kulturprovinz Vinča der Donauzivilisation (ausgehendes 6. Jahrtausend v. Chr.); (nach Gimbutas 1982: 207; 1991: 313)

Auf den Votiven in Gestalt von Miniaturbroten tritt häufig ein bestimmtes Schriftzeichen auf (ein rhombisches Zeichen mit eingeschlossenem Punkt), das von einigen Forschern als Logogramm einer Gottheit gedeutet wird (siehe dazu Näheres in der Beschreibung der Schale von Gradešnica). Einige der »dekorativen« Ornamente auf den bulgarischen rituellen Broten lassen unschwer ihre visuellen Ursprünge im Zeichenschatz der Donauschrift erkennen.

Ausgewählte Schriftdokumente – Beschreibung und textkritische Analyse

Die Produktivität der Donauschrift wird weithin unterschätzt, obwohl inzwischen einige Tausend beschriftete Artefakte bekannt und archiviert sind. Die speziell für Schriftobjekte eingerichteten Datenbanken sind allerdings bisher nicht allgemein zugänglich und deren Materialien sind erst selektiv publiziert worden. Abgesehen von älteren Kompilationen, in denen Schriftzeugnisse der Donauzivilisation auswahlweise vorgestellt werden (Winn 1981, Gimbutas

1991, Haarmann 1995), findet man die derzeit umfangreichsten Sammlungen alteuropäischer Schriftdokumente in den drei Ausstellungskatalogen von Novi Sad (Starović 2004), Sibiu (Marler 2008) und Cluj (Maxim et al. 2009) sowie im Sammelband mit den Konferenzbeiträgen von Novi Sad (Marler/Dexter 2009).

Bei den Schriftzeugnissen, die im Folgenden näher vorgestellt werden, handelt es sich insbesondere um solche, an denen sich die Forschungsgeschichte mit älteren und neueren Interpretationen exemplarisch »auskristallisiert«:

① Die Tontäfelchen von Tărtăria (Transilvanien)

Die weithin bekanntesten Schriftdokumente der Donauzivilisation sind sicher die Tontäfelchen von Tărtăria (Transilvanien), die 1961 bei Ausgrabungen unter der Leitung von Nicolae Vlassa an einem Steilhang im Tal des Mureş-Flusses gefunden wurden. Die Siedlung am Mureş liegt in einer Region, in der sich die ältesten Spuren von Metallverarbeitung – und zwar von Kupfer um die Mitte des 6. Jahrtausends v. Chr. – nachweisen lassen (Pernicka/Anthony 2009: 168 f.). Auch im Hinblick auf die verkehrstechnischen Bedingungen im frühen Neolithikum nahm Tărtăria mit seiner Anbindung an eine Wasserstraße eine Schlüsselposition ein. Die Entwicklung dieser Siedlung ist zeitgleich mit der Frühphase von Vinča im Donautal (Vinča A2 und A3); (Karte 4).

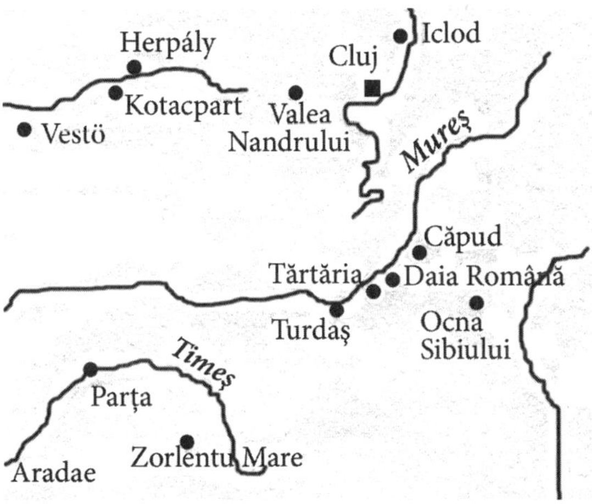

Karte 4: Die Umgebung von Tărtăria mit neolithischen Fundstätten in Transilvanien

Die drei Tontäfelchen gehören zu einem Ensemble von Artefakten, die zusammen mit angekohlten Knochen in einer Opfergrube lagen (Maxim et al. 2009: 134). Die Datierung der Täfelchen bereitete damals noch große Schwierigkeiten und auch die Radiokarbonmessung der Knochen war wegen der Ankohlung unzuverlässig. Vor einigen Jahren ist das Alter nach den neuesten technischen Möglichkeiten auf einen Zeithorizont zwischen 5370 und 5140 v. Chr. (kalibrierte Radiokarbondaten) eingegrenzt worden (Lazarovici/Merlini 2005: 208). Damit gehören die Täfelchen zu den ältesten Schriftdokumenten der Donauzivilisation und sie sind zu einer Zeit entstanden, als nirgendwo sonst in der Alten Welt Schrift existierte (Abbildung 32).

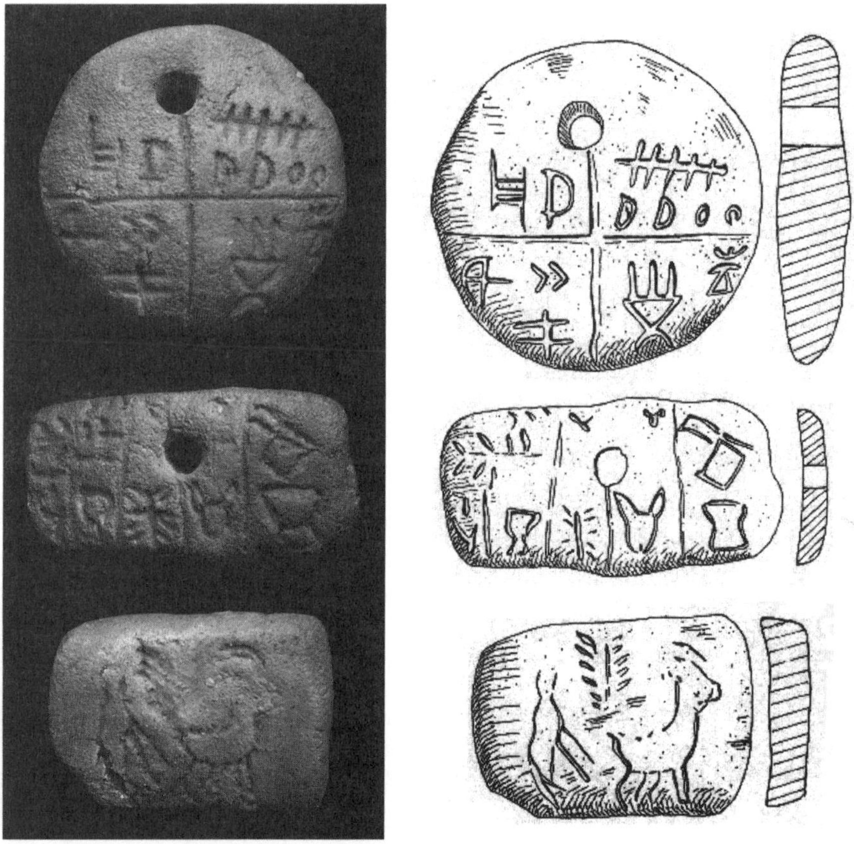

Abbildung 32: Die Tontäfelchen von Tărtăria (zweite Hälfte des 6. Jahrtausends v. Chr.; Transilvanien); (nach Marler 2008: 80 f.)

Inzwischen ist auch geklärt, dass die Knochen die einer Frau in ihren frühen 50ern sind, die an Arthritis und Rückgratverkrümmung litt. Es wird vermutet, dass diese Frau die Rolle einer Schamanin (Milady of Tărtăria) in der Gemeinschaft der frühen Ackerbauern am Mureş innehatte. Die Opfergrube gehörte zu einem Grubenhaus, dessen unterer Teil ins Erdreich gegraben war. Grubenhäuser waren typisch für die frühen Siedlungen.

»Die Herrin von Tărtăria lebte in dem Grubenhaus und bewahrte ihre sakralen Utensilien in der ›Opfergrube‹ auf, eine Art Behältnis mit magischen Gerätschaften, das seinen Platz unter demselben Dach fand und möglicherweise magischen Schutz für die Heimstätte gewährte. Über den liturgischen Kontext werden die beschrifteten Täfelchen funktionell in eine Beziehung zu den rituellen Utensilien gesetzt, und beide stehen in Verbindung mit einer Behausung und deren spezieller Funktion« (Merlini 2009b: 75).

Während man früher keine plausible Erklärung für die Beziehung der Kultgegenstände und Votivgaben in der Opfergrube zu den Knochenresten finden konnte, geht man heutzutage davon aus, dass der Leichnam der Schamanin zunächst zur Entfleischung an einer anderen Stelle begraben worden war, von wo dann später die Knochen zur Stätte ihres Wirkens zurückgebracht und neben die Kultgegenstände gelegt wurden. Der ursprüngliche Wohn- und Kultbezirk der Schamanin, wo sie rituelle Handlungen zelebriert hatte, wurde später als Ruhestätte umfunktioniert und nicht mehr bewohnt.

Die Täfelchen sind nicht nur berühmt, sondern gleichzeitig berüchtigt, nämlich wegen der Unstimmigkeiten und Ungereimtheiten, die ihre Interpretationsversuche anfänglich hervorgebracht haben, solange ihre Datierung unsicher war. In den 1960er und 1970er Jahren entbrannte eine heiße Debatte über mögliche Beziehungen Transilvaniens zu Mesopotamien. Nach der damaligen Vorstellung von der kulturchronologischen Einordnung der Funde von Tărtăria wären diese dem 3. Jahrtausend v. Chr. zuzuordnen, was Spekulationen über Kontakte zur sumerischen Zivilisation Tür und Tor öffnete. Auch hochkarätige Forscher ließen ihrer Fantasie freien Lauf (siehe Haarmann 1999: 188 f., Starović 2004: 22 ff., Lazarovici/Merlini 2008: 40 ff. zur frühen Forschungsgeschichte).

Es hieß, aus Mesopotamien wäre das Licht gekommen und zwar sowohl in wirtschaftlicher als auch in kultureller Hinsicht. Man stellte sich vor, sumerische Prospektoren wären aufgebrochen, um im fernen Transilvanien Metallfundstätten zu erschließen und begehrte Rohstoffe wie Kupfer und Gold in die Heimat zu holen. In Begleitung dieser Prospektoren wären auch Missionare gekommen, die die Rolle von Kulturheroen gespielt hätten, denn sie hätten den Alteuropäern das Licht der Zivilisation in Form der mesopotamischen Religion und in Gestalt von Tontafeln mit sumerischen Inschriften gebracht: »... es ist durchaus denkbar, dass die Missionare einer frühen Religion aus dem Osten eine erste Kunde der Schreibkunst während des 3. Jahrtausends v. Chr. mitbrachten« (Hood 1967: 101). Die alteuropäischen Barbaren wären jedoch so unzivilisiert gewesen, dass sie vom Segen der Schrift nichts verstanden hätten. So wäre ihnen nichts anderes eingefallen als sumerische Tontafeln nach ihrer äußeren Gestalt zu imitieren und die Schriftzeichen darauf in Unkenntnis von deren Bedeutung als magische Symbole anzunehmen. Ein bekannter Orientalist zog das Fazit: »Diese Täfelchen sind also keine Hinweise auf Übernahme ›sumerischer‹ Schrift durch die Bewohner dieser Gegend …« (Helck 1979: 12).

Man könnte die abenteuerlichen Spekulationen von damals humorvoll als Stilblüten der Forschung abtun und vielleicht der Rubrik »Indiana-Jones-Archäologie« zuordnen, wenn nicht die ernüchternde Realität handfester Vorurteile und stereotypischer Auffassungen von Zivilisation dahinter stehen würde. Für die Teilnehmer an der damaligen Diskussion war es undenkbar, dass das Licht der Zivilisation anderswo und unabhängig von der Tradition Mesopotamiens aufgegangen sein könnte, und noch dazu viel früher. Dem Stereotyp *ex oriente lux* (das Licht aus dem Osten) zufolge konnte es keine frühen Experimente mit Schrifttechnologie außerhalb Mesopotamiens gegeben haben.

Die Spekulationen über alteuropäisch-sumerische Kulturbeziehungen setzten sich fort bis in die Details der Zeicheninterpretation. Es wurden teilweise abenteuerliche Vermutungen angestellt, wie etwa die, dass man in einigen der Zeichen auf den Täfelchen die Logogramme für den Götternamen Enki und die Stadt Ur zu erkennen glaubte. Erst wenn man sich von der Zwangsvorstellung einer sumerischen Kulturausstrahlung nach Transilvanien löst – und dies ist angesichts der inzwischen gesicherten Chronologie der Täfelchen zwingend –, eröffnen sich alternative Interpretationen in Anbindung an die kulturellen Gegebenheiten der neolithischen Siedlung Tărtăria und insbesondere der Grabungsstätte.

Auch die Herkunft der Täfelchen war umstritten. Es wurde diskutiert, ob die Täfelchen nicht vielleicht selbst aus Mesopotamien stammten. Erst nachdem die Mesopotamien-Debatte abgeebbt war, ergaben technische Untersuchungen, dass die Artefakte aus lokalem Ton Transilvaniens gefertigt worden waren, und auch die Technik der Zeichengravierung ist verschieden von der sumerischer Tontafeln, was somit einen Import aus dem Nahen Osten ausschließt: »Ihre materielle Erscheinung sowie die Eigenheiten der Gravuren schließen die Möglichkeit eines nahöstlichen Imports aus« (Masson 1984: 116, Fn 75). Es ist bezeichnend, dass keiner der Forscher, die damals die Mesopotamien-These vertreten hatten, an der neueren Diskussion seit den 1990er Jahren teilgenommen hat. Die damals Aktiven schweigen heute. Womöglich ist der Mythos von den sumerischen Lichtbringern zu tief verwurzelt.

Der frühe Zeichengebrauch von Tărtăria markiert eine entscheidende Etappe auf dem Kontinuum der Kulturchronologie, wie sie für den Übergang vom Schamanentum der spätpaläolithischen Periode zum Ritualwesen der Ära der frühen Ackerbauern aufgezeigt worden ist (siehe Kapitel 4). Und diese Erkenntnisse sprechen für autochthone Schriftentstehung als ein Gegengewicht zu *ex oriente lux*, nämlich *ex occidente lux* (das Licht aus dem Westen).

Zwei der Täfelchen sind perforiert, was vermuten lässt, dass diese an einer

Halskette angehängt und wie Amuletts oder Talismane getragen wurden. Diese Funktion wird hervorgehoben in einer Deutung, wonach die beiden perforierten Täfelchen aufeinander gelegt wurden, sodass das kleinere auf dem größeren lag (Lazarovici/Merlini 2005: 210). Die Unterkante des kleineren Täfelchens verläuft parallel zur horizontalen Markierungslinie, die die oberen Register von den unteren auf dem größeren Täfelchen trennt. Das kleinere Täfelchen verdeckte die Inschrift auf den oberen Registern. Wenn es zutrifft, dass die Schamanin von Tărtăria die Täfelchen in dieser Weise als Anhänger getragen hat, würde dies eine kontextuelle Eingrenzung der Inschriften als Beschwörungsformeln mit Schutzfunktion nahelegen. Die Täfelchen von Tărtăria wären damit die ältesten Dokumente für eine Tradition beschrifteter Amuletts, die aus den Zivilisationen rings um das Mittelmeer bekannt ist und sich bis in die griechisch-römische Antike fortsetzt.

Die Täfelchen von Tărtăria stehen als Artefakte nicht isoliert. Obwohl weniger bekannt und erst in neuerer Zeit dokumentiert sind eine Anzahl von Tontäfelchen aus dem Kulturareal von Turdaş aus Parţa, Vinča, Jela und anderen Orten (Maxim et al. 2009: 137 f.).

② Die Kultschale von Gradešnica (Bulgarien)

Dieser Fund stammt aus Grabungen des Jahres 1969 in Gradešnica im Nordwesten Bulgariens. Die Form des Artefakts ist außergewöhnlich. Es handelt sich um ein Gefäß mit viereckigem Boden, dessen Ecken stark gerundet sind. Der Rand ist nach Außen gebogen und abgerundet. Die Benennung dieses Artefakts ist nicht einheitlich und in der Forschungsliteratur findet man Benennungen wie »plaque«, »platter«, »shallow receptacle«, »little tray« u. a. Einigkeit besteht allerdings dahingehend, dass es sich um ein Gefäß handelt, das nicht für den alltäglichen Gebrauch bestimmt war (Abbildung 33).

Abbildung 33: Die Kultschale von Gradešnica (frühes 5. Jahrtausend v. Chr.; Bulgarien); (nach Gimbutas 1991: 313)

Der Kontext, in dem die Schale gefunden wurde, lässt auf kultisch-rituelle Funktionen schließen. Das Fundstück lag zusammen mit einer Figurine und zwei beschrifteten Vasen im südlichen Abschnitt eines größeren Gebäudes (9 x 5 m), der vom übrigen Bereich getrennt war. Im nördlichen Teil des Hauses gab es einen Backofen, einen Mahlstein und Scherben von etwa zehn Gebrauchsgefäßen. Ähnlich wie im Fall der Täfelchen von Tărtăria stiftete die unsichere Datierung der Schale von Gradešnica zunächst einige Verwirrung. Inzwischen gilt die Zuordnung des Fundstücks zur Periode der frühen Kupferzeit (frühes 5. Jahrtausend v. Chr.) als gesichert.

Die Forscher, die mit der Entdeckung in Verbindung gebracht werden, haben von Anbeginn den Charakter der Zeichengruppierung als den einer Inschrift und die Schale als frühes Schriftzeugnis hervorgehoben (Georgiev 1969: 32 ff., Nikolov/Georgiev 1970: 7 ff.), und Gimbutas (1982: 86) wertet sie als »eines der besten Beispiele für alteuropäische Schrift«. Auf der Außen- und Innenseite der Schale sind Zeichen eingraviert. Diejenigen Forscher, die sich mit der Schale näher befasst haben, sind sich einig, dass es sich bei den Motiven auf der Innenseite um Zeichen mit Bedeutungsgehalt handelt, also nicht um Ornamente. Andererseits sind die Ansichten über die Identifizierung der Motive auf der Außenseite geteilt. In der älteren Forschungsliteratur geht man von einer stark stilisierten anthropomorphen Figur aus, um deren Konturen Schriftzeichen gruppiert sind.

Einer neuerlichen Interpretation zufolge sind im Zentrum der Bodenfläche rhombische Zeichen mit Punkteinsatz gruppiert (Merlini 2009a: 333 ff.). Diese Variation des Rhombuszeichens erscheint auf zahlreichen anderen Artefakten, so auf Figurinen und Kultgefäßen und gehört zum Inventar der Zeichen der Donauschrift (siehe OE 218 in Anhang I). Die primäre Funktion wäre demnach die eines Schriftzeichens und der visuelle Eindruck der Komposition aus mehreren Rhombuszeichen als der einer stilisierten menschlichen Figur wäre sekundär.

Das Motiv des Rhombus mit eingesetztem Punkt wird von einigen Forschern zum Kreis der Logogramme für eine Gottheit gezählt, so von Winn (2009: 53) in seiner Übersicht der »goddess-signifiers«. Wenn diese Identifizierung zutrifft, ist anzunehmen, dass die Anordnung der Rhomben eine intendierte visuelle Anspielung auf die personifizierte göttliche Gestalt ist. Die Kultschale von Gradešnica wäre aus dieser Sicht nicht nur ein gutes Beispiel für Schriftverwendung, sondern auch für die in der alteuropäischen Kunst hochentwickelte Technik der Anspielung mit visuellen Mitteln.

③ Das Siegel von Karanovo

Unter den beschrifteten Artefakten von Karanovo (Bulgarien) ist ein Tonsiegel mit Handgriff aus der Kultustufe Karanovo VI (zweite Hälfte des 5. Jahrtausends v. Chr.). In jener Periode dehnte sich die Karanovo-Kultur weit über das Territorium des heutigen Bulgarien hinaus aus und zwar bis ins südliche Rumänien. Dieser kulturelle Horizont wird auch als Karanovo VI-Gumelniţa B bezeichnet. Die dörflichen Gemeinschaften in diesem Areal profitierten von der Metallverarbeitung, von der Ausbeutung lokaler Kupfervorkommen sowie vom Handel mit Kupfererz und verarbeiteten Produkten aus Kupfer.

Das hohe Alter und besondere Eigenschaften des Materials (hochwertiger Ton aus einer lokalen Fundstätte) weisen auf einheimische Fabrikation des Siegels und schließen auswärtigen Import aus. Zwar sind auch andere Siegel gefunden worden, dieses ist jedoch wegen seiner Größe (6 cm im Durchmesser und 2 cm dick) und seiner Beschriftung ein Einzelstück (Abbildung 34, S. 107 u. 108). Das Siegel war Bestandteil eines größeren Ensembles von Artefakten, wozu ein Miniaturbackofen, ein Mahlstein, neun größere und drei kleinere Gefäße gehörten, außerdem einige Steinäxte und eine Nadel aus Kupfer.

Abbildung 34: Das Siegel von Karanovo (Kulturstufe Karanovo VI); (nach Winn 1981: 215; OE = Old European/alteuropäisch)

Vor der Einführung der dendrochronologischen Datierung der Fundstücke in Südosteuropa, die in den 1980er Jahren adaptiert wurde, hat man das Alter des Siegels zu spät angesetzt und zwar ins 3. Jahrtausend v. Chr. Diese Fehldatie-

Abb. 34

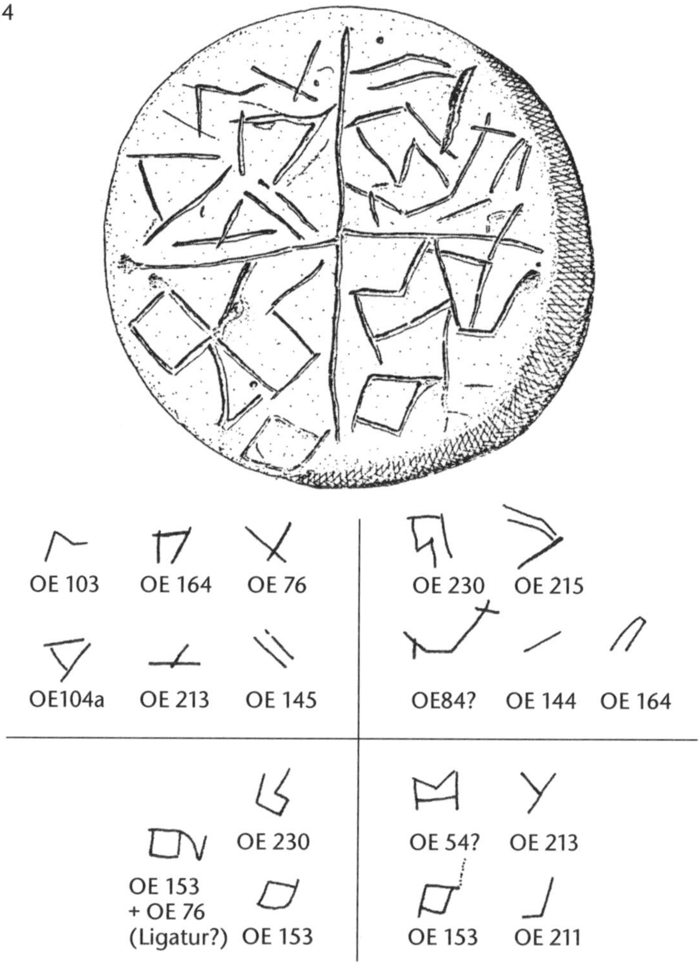

rung begünstigte in den 1960er und 1970er Jahren – ähnlich wie im Fall der Tontäfelchen von Tărtăria – Spekulationen über nahöstliche oder mesopotamische Kulturbeziehungen. Bereits Winn (1981: 214 ff.) trat solchen Anachronismen entschieden entgegen und lieferte die erste verlässliche Analyse der Zeichendistribution auf dem Siegel.

Die Oberfläche des Rundsiegels ist durch eine senkrechte und eine horizontale Mittellinie in vier Zonen eingeteilt, in denen jeweils mehrere abstrakte Motive gruppiert sind. Soweit die Konturen der Einzelzeichen zu identifizieren sind, handelt es sich um solche, die zum Repertoire der Donauschrift gehören. Einige der Zeichen treten mehrfach auf, so das als OE 213 und das als OE 230 inventarisierte. Die Zeichen auf dem Siegel von Karanovo treten auch auf anderen Siegeln und anderen Objekten auf (z. B. auf einem Medaillon aus Turdaş, einer Scheibe von Nova Zagora); (Merlini 2009a: 657).

Das Siegel von Karanovo ist nicht das einzige beschriftete Artefakt dieser Kategorie, wohl aber das einzige mit einer Vielzahl von Zeichen. Es unterscheidet sich damit auch prinzipiell von den Siegeln mit Kultursymbolen (pintaderas), auf denen jeweils nur ein Symbol platziert ist (siehe Kapitel 4).

④ Der Altar von Ocna Sibiului

Die frühneolithische Siedlung nahe Ocna Sibiului (Transilvanien) ist in sukzessiven Grabungskampagnen seit 1977 erschlossen worden. Insgesamt sechs verschiedene Kulturschichten sind identifiziert worden. Die älteste Schicht wird in die Mitte des 6. Jahrtausends v. Chr. datiert. Diese karpato-danubische Regionalkultur ist autochthon und setzt ältere (d. h. spätpaläolithische) Kulturformen fort. Dies betrifft sowohl die materielle Kultur (Gerätschaften), Behausungen (zunächst Grubenhäuser, später dann Häuser mit Steinfundamenten und Wänden aus lehmverschmiertem Flechtwerk) als auch die religiöse Vorstellungswelt, zu deren sichtbaren Manifestationen Kultobjekte wie ein zweiteiliger Miniaturaltar sowie Figurinen gehören (Paul 2009: 130 f.). Einige der Figurinen von Ocna Sibiului sind hybride Skulpturen mit anthropomorphen (weiblicher Körper) und zoomorphen Merkmalen (Vogelkopf). Diese Statuetten werden als Repräsentationen einer »Vogelgöttin« gedeutet (Paul 1995: 51 f.).

Viel diskutiert ist die Rolle des Miniaturaltars, der aus einem Podest (b) mit gebogener Unterseite und einem stark abgerundeten konischen Teilstück (a) besteht, das darauf ruht. Sowohl die Seitenwände des Podestes (c) als auch der konische Aufsatz tragen Schriftzeichen in linearer Anordnung (Abbildung 35).

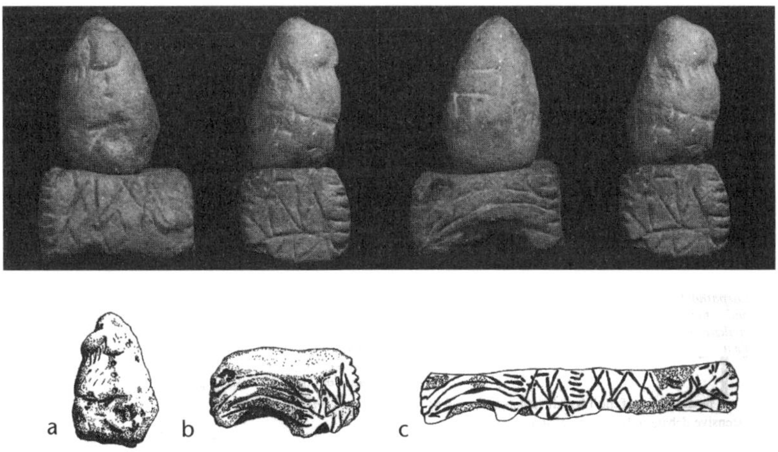

Abbildung 35: Der Altar von Ocna Sibiului (nach Paul 2009: 131)

Die Form des Aufsatzes (a) ist von einigen Forschern spontan als »Phallus« gedeutet worden, obwohl die angeblich »phallischen« Konturen bei genauerer Betrachtung keine visuelle Anspielung auf ein männliches Glied erkennen lassen. Ein weiteres, ähnliches Ensemble von funktional zusammengehörigen Artefakten (Podest + Aufsatz) ist in einigem Abstand von dem beschrifteten Altar im Kontext derselben Fundschicht gefunden worden. Dieser Miniaturaltar ist allerdings stark beschädigt und seine Rekonstruktion ist nur gewährleistet anhand des Vorbilds des gut erhaltenen Exemplars.

Es scheint, der Aufmerksamkeit der Forscher sind Vergleichsfälle einer Verehrung heiliger Steine (d. h. mit ähnlichen Ensembles von Artefakten in heiligen Bezirken) entgangen, die geeignet sind, den mysteriösen Aufsatz des Altars von Ocna Sibiului funktionell zu deuten, ohne über die visuellen Assoziationen des Aufsatzstücks zu spekulieren. Eine nähere Betrachtung des wohl spektakulärsten Vergleichsfalls versetzt uns in eine jüngere Kulturperiode der Mittelmeerländer, in der man allerdings deutlich die Nachwirkungen des alteuropäischen Kulturerbes spürt. Der Ort ist Paphos (Palaeopaphos »Alt-Paphos«) auf Zypern, wo die »schaumgeborene« Göttin, die von antiken Schriftstellern wie Alkaios, Sappho oder Pindar als Kyprogenia »die auf Zypern Geborene« genannt wird, ihr Heiligtum hatte, nur wenige Kilometer entfernt von den Aphroditefelsen im Südwesten der Insel.

Die Anfänge des Göttinnenkults in Paphos liegen im Dunkeln, aber Funde von weiblichen Idolen aus der Umgebung werden ins 4. Jahrtausend v. Chr. datiert. Dies ist eine Periode, als das Kulturschaffen der altzyprischen Bevölkerung noch mit dem in der Ägäis und auf dem südosteuropäischen Festland im Einklang stand. Das älteste Heiligtum der altzyprischen Göttin, der Ahnfrau der griechischen Aphrodite, geht auf die Zeit des trojanischen Kriegs (um 1200 v. Chr.) zurück. Das Heiligtum war eine typisch mykenische offene Konstruktion mit einem großen freien Vorhof und einer kleinen überdachten Halle, dem Allerheiligsten, im Hintergrund (Haarmann 1996: 91 ff.).

Im Allerheiligsten war kein Standbild der Aphrodite errichtet. Hier stand das abstrakte Symbol der Göttlichkeit, ein konischer Stein von 1,22 m Höhe. Von allen antiken Autoren, die über das Heiligtum von Paphos berichten, wird übereinstimmend auf die Besonderheit des heiligen Steins hingewiesen. Seit dem 2. Jahrhundert v. Chr. sind auch bildliche Darstellungen des Heiligtums von Paphos und von dessen heiligem Stein überliefert, so auf hellenistischen Siegeln und römischen Münzen. Am besten erkennbar ist der den Stein umgebende dreiteilige Schrein auf Bronzemünzen des römischen Kaisers Septimius Severus, der von 193–211 n. Chr. regierte; (Abbildung 36).

Abbildung 36: Der konische Stein im Heiligtum der Aphrodite von Paphos in römischen Münzbildern (1. und 2. Jahrhundert n. Chr.); (nach Maier/Karageorghis 1984: 84)

Die Herrin von Paphos war schön, das wussten schon die alten Zyprioten und auch die mykenischen Flüchtlinge, die nach dem Zusammenbruch der mykenischen Macht auf dem griechischen Festland nach Zypern auswanderten und dort zusammen mit der einheimischen Bevölkerung den Kult der Kupfergöttin Kypris pflegten. Die Arkadier, die Vorfahren der heutigen Zyprioten, identifizierten die einheimische Göttin später mit Aphrodite, die wegen ihrer Schönheit weltberühmt wurde. Warum, so fragten sich die Griechen, gibt es kein Bildnis der Göttin, das sie mit ihrem fraulichen Liebreiz zeigt? Legenden begannen sich um den konischen Stein zu ranken, wie um seine geheimnisvolle Funktion noch mysteriöser zu machen. Es hieß, Aphrodite sei über alle Maßen schön, und kein Sterblicher könnte es wagen, sie abbilden zu wollen. Deshalb gäbe es den Stein, in dessen Gestalt sie den Menschen entgegen tritt.

Die Verehrung heiliger Steine und deren Assoziation mit weiblichen Gottheiten im Kultleben und in der mythischen Überlieferung ist Teil des kulturellen Gedächtnisses des Griechentums. Am bekanntesten ist wohl die Identifizierung des Omphalos genannten Kultsteins, des Nabels der Welt, im Orakelheiligtum von Delphi als Symbol der Hestia, Hüterin des Herdfeuers. Einen Vergleich zwischen der kultischen Bedeutung des Omphalos von Delphi und des Steins im Aphrodite-Heiligtum von Paphos stellt schon der griechische Lexikograph Hesychios im 1. Jahrhundert n. Chr. an.

Hinweise darauf, dass die Herdstelle nicht nur für die Aufbereitung von Speisen diente, sondern auch in kultische Handlungen einbezogen wurde, gibt es bereits für die Periode des Jungpaläolithikums. Die ältesten Spuren für eine Fortsetzung dieser Tradition ins Neolithikum findet man in Lepenski Vir im Donautal (Hodder 1990: 57). Vielleicht reflektiert die Funktion des Altars von Ocna Sibiului einen Göttinnenkult, zu dessen Besonderheiten die Verehrung eines heiligen Steins gehörte.

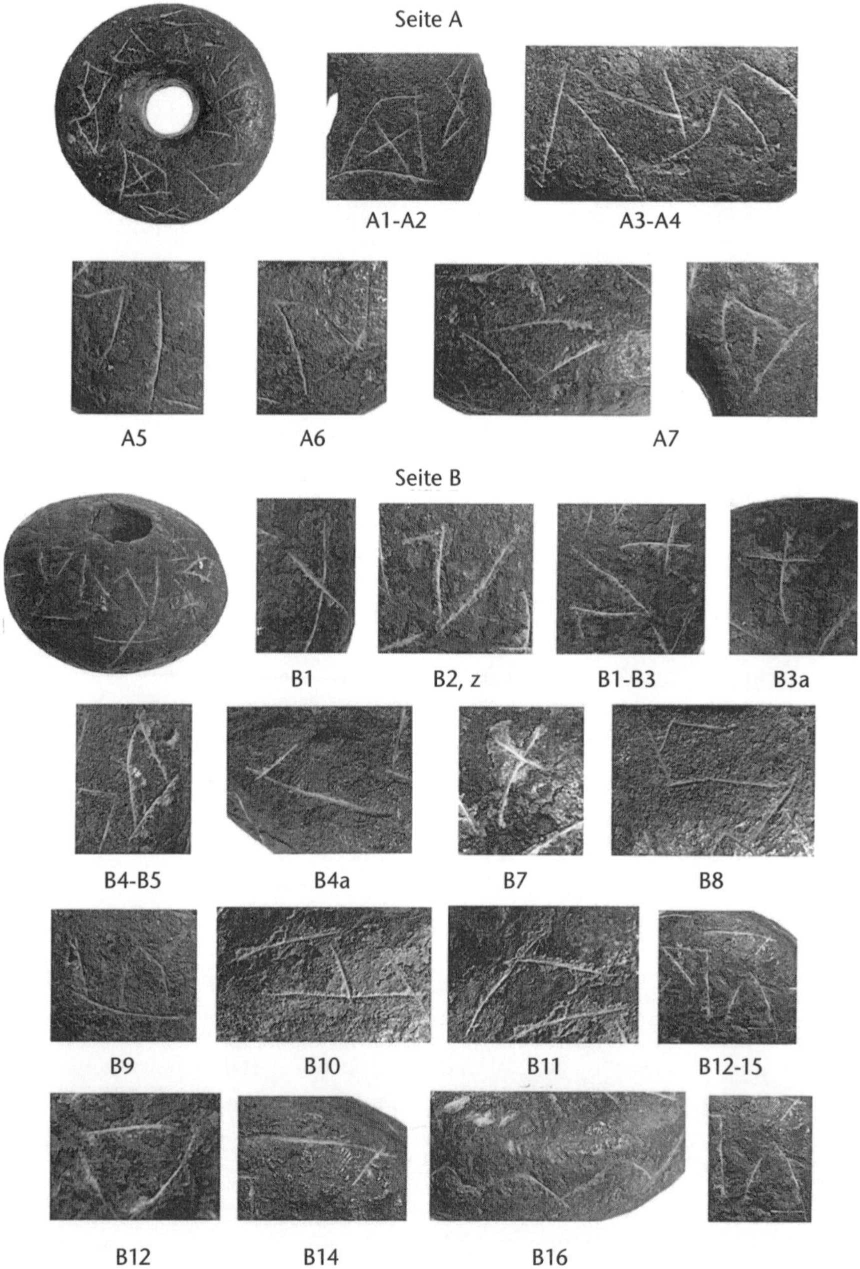

Abbildung 37: Die »Kultscheibe« von Turdaş (Mitte des 5. Jahrtausends v. Chr.; Transilvanien); (nach Maxim et al. 2009: 139)

⑤ Die »Kultscheibe« von Turdaş

Unter den beschrifteten Webgewichten fällt dieser Artefakt mit einem Durchmesser von 9,4 cm, einer Dicke von 3,4 cm und einer Breite der Perforierung von 2 cm wegen der sorgfältigen Ausführung auf, was unzweifelhaft darauf hindeutet, dass die Funktion dieses speziellen Webgewichts über den praktischen Gebrauch für das Weben hinaus im Symbolischen zu suchen ist (siehe »Beschriftete Webgewichte« in der Typologie der Schriftdokumente). Erst neuere chemische Untersuchungen der Oberfläche haben Erkenntnisse über die Polier- und Gravurtechnik gebracht (Maxim et al. 2009: 138 f.). Möglicherweise wurde dieses Gewicht gar nicht für das praktische Weben verwendet, sondern es diente als Ritualobjekt (Votivgabe?).

Das Gewicht ist aus Stein gefertigt, dessen Oberfläche poliert und mit schwarzem Naturlack überzogen wurde. Anschließend wurde die zur Verfügung stehende gekrümmte Oberfläche mit insgesamt 19 Zeichen beschriftet (Abbildung 37, S. 112).

»Der Diskos (Ringscheibe) hat eine gerundete und eine abgeflachte Oberfläche, die rings um den Rand durch eine Zickzacklinie voneinander getrennt sind. Er ist auf beiden Seiten beschriftet. Die Zeichen sind in einem Kreis angeordnet, der sich um die Achse des Diskos dreht, wenn er bewegt wird« (Maxim et al. 2009: 138).

6 Ausstrahlungsphänomene der Donauschrift

Das Bemerkenswerteste am frühen Schriftgebrauch in Südosteuropa ist wohl dessen hohes Alter. Wenn man die Schriftentwicklung in Alteuropa in einen kulturhistorischen Reihenvergleich einordnet, verschiebt sich die Kulturchronologie der frühen Zivilisationen um zwei Jahrtausende in die Periode hinein, die traditionell als Vorgeschichte betrachtet wird. Dieser Sachverhalt ist als solcher sensationell. Ebenso Aufsehen erregend ist die Kontinuität der Donauschrift, die in die altägäischen Kulturen ausgestrahlt und dort die Entstehung neuer Schriftsysteme inspiriert hat.

Während die Schrift in der zentralen Balkanregion bereits in der späten Kupferzeit (d.h. zwischen 4400 und 4000 v. Chr.) außer Gebrauch kommt, hält sich die Tradition, Artefakte zu beschriften, an den Peripherien noch länger (Owens 1999). Im nördlichen Griechenland bleibt die Donauschrift noch bis um 3200 v. Chr. vital und im Milieu der Trypillya-Kultur setzt sich der Schriftgebrauch sogar bis ins 3. Jahrtausend v. Chr. fort. Noch bis ca. 2700 v. Chr. werden Spinnwirtel in den Siedlungen am Dnepr beschriftet (Abbildung 38, siehe S. 116).

Seit Mitte des 3. Jahrtausends v. Chr. gibt es nurmehr fragmentarische Hinweise darauf, dass die Erinnerung an die alte Schriftlichkeit weiterlebt. Das kulturelle Gedächtnis produziert allerdings auch in der Bronzezeit visuelle Motive der älteren Kommunikationssysteme. Zahlreich sind die Zeichen auf Keramik des 3. und 2. Jahrtausends v. Chr., vom griechischen Festland und den Kykladeninseln. Selbst wenn wir hier einer Vielzahl von Motiven begegnen, treten diese jeweils isoliert auf und werden der Kategorie der Töpferzeichen zugeordnet (Sampson 2009: 190 f.).

Wenn man sich die symbiotische Verflechtung der Kommunikationssysteme in den alteuropäischen Kulturprovinzen vergegenwärtigt (siehe Kapitel 4), muss es seltsam erscheinen, wenn von dem Spektrum eines vitalen Symbol- und Zeichengebrauchs für die verschiedensten kommunikativen Zwecke lediglich die Tradition der Töpferzeichen weitergelebt haben soll, nicht aber der religiös motivierte Schriftgebrauch, die Zahlennotation oder die Notation kalendarischer Daten. Will man Aufschlüsse über eine mögliche Kontinuität der Schriftlichkeit und anderer alteuropäischer Traditionen gewinnen, so erfordert dies eine sorgsame Untersuchung der bronzezeitlichen Kulturen in Südosteuropa, insbesondere des ägäischen Raums.

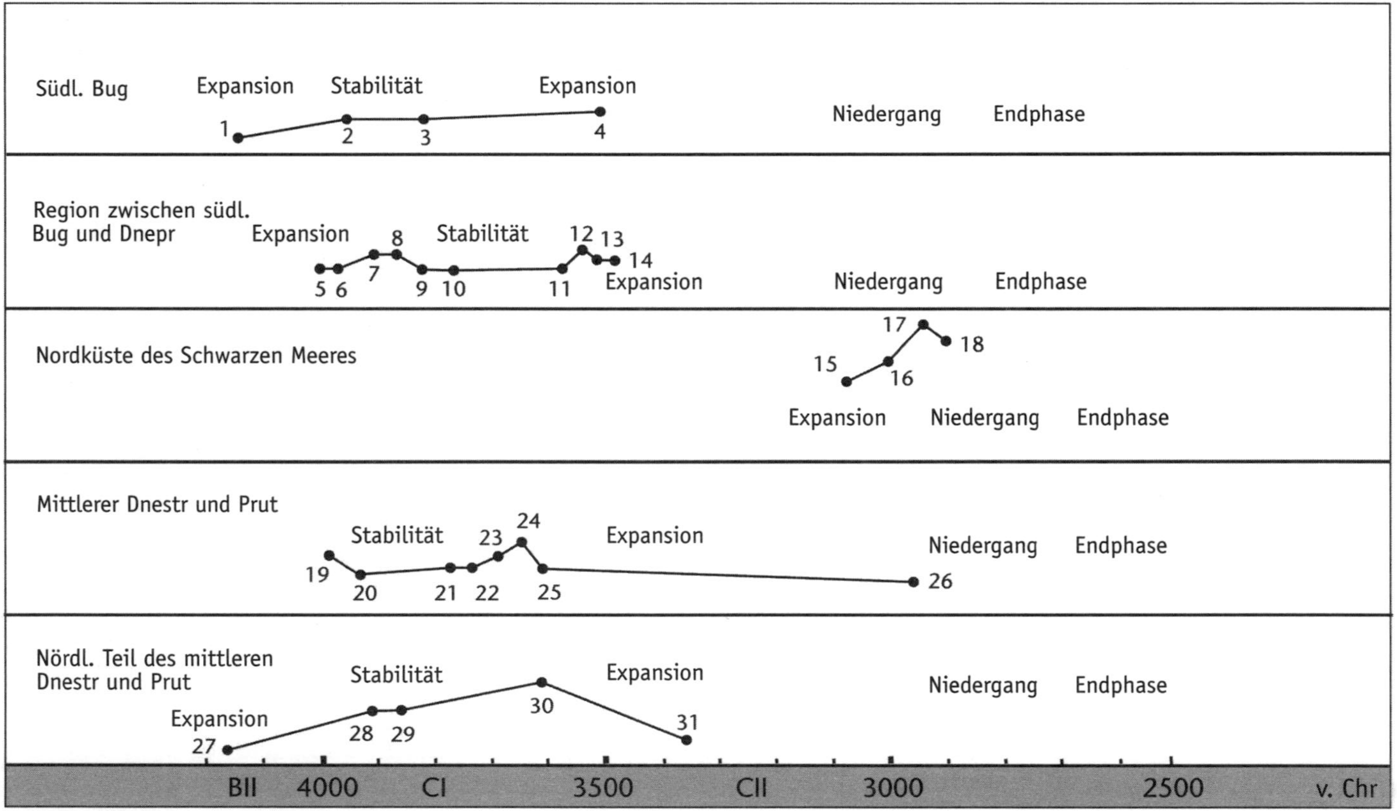

Abbildung 38: Die Periode der alteuropäischen Schriftlichkeit in der Trypillya-Kultur (nach Tkachuk 2009: 168)

Die Erkenntnis, dass die zivilisatorische Entwicklung in Südosteuropa von ihren Anfängen im 6. Jahrtausend v. Chr. bis in die Periode der mykenisch-griechischen Antike, d.h. bis ins späte 2. Jahrtausend v. Chr., im Wesentlichen von denselben Organisationsprinzipien, von weitgehend identischen Vorstellungen künstlerischer Ästhetik, von sehr ähnlichen religiösen Vorstellungen und von fortschrittlichen Technologien geprägt war, ist Marija Gimbutas zu verdanken. Die Forschungen der 1990s haben gezeigt, dass auch die Schrifttechnologie zu den Errungenschaften mit Kontinuität gehört (Haarmann 1995, 1997). Die damals erarbeiteten Erkenntnisse sind bislang nicht vertieft worden, sodass im Resümé zum Forschungsstand im Katalog der Ausstellung von Sibiu (Haarmann 2008c) keine nennenswerte Entwicklung zu verzeichnen war. Allerdings muss die Frühphase der Kulturdrift, mit der die Idee des Schreibens und auch konkrete Zeichenformen nach Kreta transferiert wurden, durch weiterführende Forschungen abgesichert werden.

Die Anfänge einer Kulturdrift aus der Balkanregion in die Ägäis stehen im Zusammenhang mit politischen und sozialen Umwälzungen, die die Kulturlandschaft Südosteuropas im 4. und 3. Jahrtausend v. Chr. veränderten. Diese Umwälzungen wurden durch die Migrationen indoeuropäischer Steppennomaden ausgelöst. Eines der markanten Erkennungszeichen der Nomadenkulturen in der südrussischen Steppe sind Grabhügel, die mit einem tatarischen Wort als Kurgane bezeichnet werden. Gimbutas hat in den 1970er und 1980er Jahren die Wanderbewegungen der Nomaden als eine Abfolge von drei Kurgan-Migrationen rekonstruiert. Trotz heftiger zwischenzeitlicher Kritik ist die Kurgan-Hypothese von Gimbutas durch neuere Forschungen bestätigt und als Theorie ausgebaut worden (insbesondere Anthony 2007, Dergachev 2007, Haarmann 2010 b).

Die Kurgan-Leute kamen zwar als Eroberer nach Südosteuropa, haben dort aber viele Errungenschaften der Alteuropäer in ihre Kultur übernommen. Der Kulturaustausch hinterließ seit ca. 3500 v. Chr. deutliche Spuren: »… eine Amalgamation der kulturellen Systeme Alteuropas und der Kurgan-Leute ist klar erkennbar« (Gimbutas 1991: 371). Mit der Zeit überlagerte die dominierende Kultur der Indoeuropäer die alteuropäischen Regionalkulturen und deren Träger hatten die Wahl, sich den neuen Verhältnissen anzupassen oder auf die Inseln der Ägäis abzuwandern. Die letztere Alternative wurde wohl von vielen Alteuropäern gewählt und mit ihnen gelangte auch ihr Know-how auf die Kykladen und nach Kreta.

Von Alteuropa nach Kreta – Auswirkungen der balkanisch-ägäischen Kulturdrift

Spezialisierte Handwerker, deren Produkte nicht mehr gefragt waren (z. B. Figurinen), Kaufleute, die ihre Kontrolle der alten Handelsrouten an fremde Händler abgeben mussten, Angehörige der früheren Priesterschaft, deren Kulte auf dem Festland nicht mehr zelebriert wurden, und andere, die sich der Assimilation widersetzten, wanderten auf die Inseln des ägäischen Archipels ab. Dies hat man sich nicht als Massenbewegung vorzustellen, vielmehr als Migration von kleineren, aber einflussreichen Gruppen, die in ihren neuen Wohngebieten gleich zu Beginn das kulturelle und soziale Rahmenwerk der alten Gesellschaft reetablierten. In ihre neue Heimat nahmen sie die vertrauten Kulturgüter und das Ideengut der alteuropäischen Agrargesellschaft mit.

Der Transfer der Schrifttechnologie vom Festland in die Ägäis ist eingebettet in ein Netz von kulturellen Traditionen und Technologien, die mit der Kulturdrift vom Festland aus in die ägäische Inselwelt gelangten. Dieses weite Beziehungsnetz alteuropäisch-altägäischer Konvergenzen umfasst viele Kulturmuster und Einzelmerkmale, angefangen von religiös-weltanschaulichen Vorstellungen bis hin zu speziellen Technologien (Haarmann 1995: 57 ff.):

Religion, Kulte, Kultursymbolik

- Der Kult der Großen Göttin und ihrer Erscheinungsformen
- Schreine und ihre Funktion für die Verehrung der Großen Göttin
- Die Verwendung von Masken als Kultrequisite
- Der Vogel als Attribut der Großen Göttin
- Der religiöse Symbolismus des Schlangenmotivs
- Das Spiralmotiv als Symbol des kosmischen Wassers
- Das Bienen- und Schmetterlingsmotiv als göttliche Attribute
- Das Doppelaxtmotiv als göttliches Attribut
- Merkmale für eine Transformation der Großen Göttin in den weiblichen Gottheiten der griechischen Mythologie
- Die Rolle des Schweins als Attribut der Vegetationsgöttin
- Das Motiv der Mutter mit dem Kind in der religiösen Ikonographie
- Das Motiv der Tiere nahe der Lebenssäule
- Der religiöse Symbolismus des Stiers und des Stierkults
- Der abstrakte Symbolismus männlicher Kraft und Macht: die sakralen Stierhörner (Bukranien)
- Die Tradition, Votivfiguren mit Ornamenten zu verzieren
- Die Tradition, Tierfiguren als Votivgaben zu produzieren
- Die Sitte, Statuetten nach der Kultzeremonie zu zerbrechen

- Die Kontinuität von Bildmotiven im ornamentalen Design (z. B. der Mäander, die Spirale, das Hakenkreuz)

Technologien und Handwerkssparten

- Weiterentwicklung der alteuropäischen Tradition des Webens und der Textilproduktion
- Transfer von Techniken der Keramikherstellung
- Transfer und Weiterentwicklung metallurgischer Technologien (Kupfer, Gold, Bronze)

Architektur und Layout von Siedlungen

- Tradition offener heiliger Bezirke mit Kultplattformen
- Organisationsformen einer städtischen Siedlungsweise

Sprache und Kommunikation

- Tradierung alteuropäischen Sprachguts im Lehnwortschatz des Griechischen
- Die Verwendung von Tonstempeln mit dekorativen Mustern (pintaderas)

Schrifttechnologie

- Alte Zeichenformen
- Die Verwendung von Hilfszeichen für die Variation von Basiszeichen
- Die Vereinigung von Einzelzeichen in Ligaturen
- Das lineare Prinzip der Aneinanderreihung von Einzelzeichen in der Zeichensequenz einer Inschrift
- Traditionen der Beschriftung von Kultobjekten (z. B. die Beschriftung weiblicher Statuetten sowie von Tierskulpturen als Votivgaben; Abbildung 39)
- Traditionen der Beschriftung von Gewichten (z. B. beschriftete Webgewichte)
- Die Verwendung von Schriftstempeln
- Die Verwendung der Schrift im religiösen Kontext

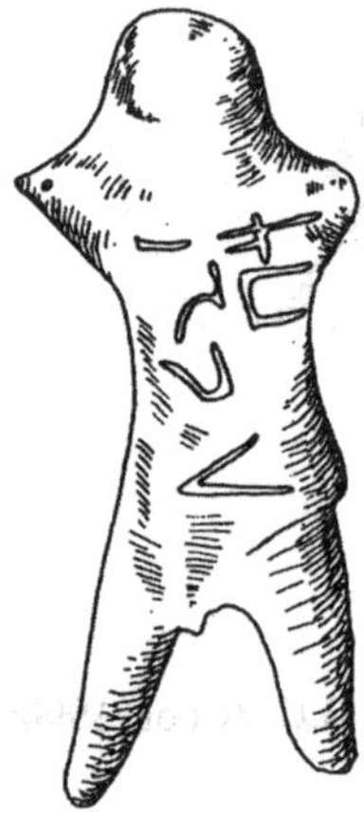

Abbildung 39: Figurine mit Inschrift in Linear A aus Tylissos (Anfang des 2. Jahrtausends v. Chr.; Kreta) (nach Haarmann 1995, fig. 90)

Mit Anspielung auf tiefenpsychologische Aspekte der balkanisch-ägäischen Kulturdrift hat Gimbutas (1989: 318) hervorgehoben: »Aber die alteuropäischen sakralen Bilder und Symbole sind nie gänzlich entwurzelt worden; diese äußerst langlebigen Merkmale der Menschheitsgeschichte waren zu tief in der Psyche verankert«.

Das alteuropäische Erbe der ägäischen Schriftsysteme

Die frühesten Zeugnisse für den Gebrauch der altkretischen Schrift Linear A stammen aus der Zeit um 2500 v. Chr. und zu den ersten identifizierten Schriftzeichen gehört das Doppelaxtmotiv (Rutkowski 1986). Die altkretische Schrifttradition verdankt Alteuropa ihren Inspirationsschub nicht nur nach dem Prinzip des Ideentransfers (idea diffusion), sondern sie weist auch klare Konvergenzen in den Schreibprinzipien und -techniken (Linearität, Verwendung diakritischer Hilfszeichen) sowie im Zeichenschatz selbst auf. Das System Linear A besteht aus etwas mehr als 120 Zeichen und von diesen sind rund die Hälfte solche, die graphische Parallelen zum alteuropäischen Zeichenrepertoire erkennen lassen (Haarmann 1989: 255 ff.); (Abbildung 40, siehe S. 121–122).

Abbildung 40: Alteuropäisch-altägäische Zeichenkonvergenzen (Donauschrift/OE: Linear A)

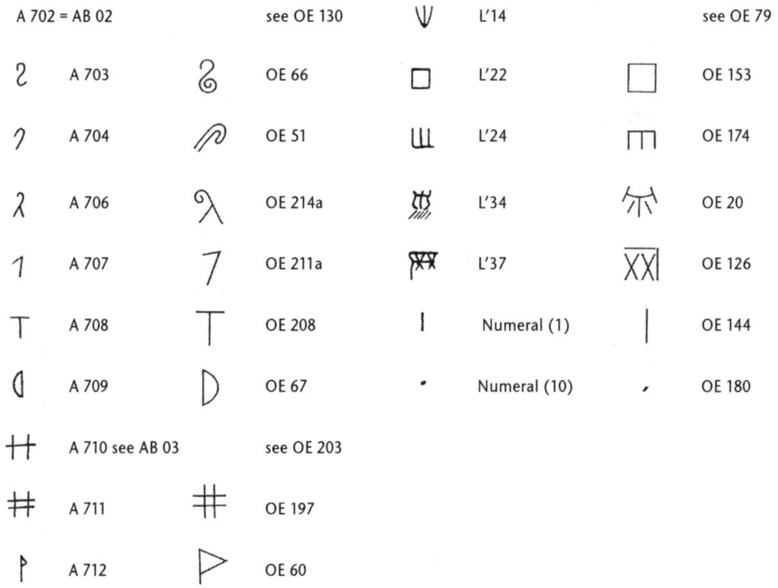

Aus dem Repertoire der alteuropäisch-altägäischen Schriftkonvergenzen schöpfen später auch die anderen Linearschriften: Linear B zur Schreibung des Mykenisch-Griechischen (Hooker 1979) und die beiden Schriften Altzyperns, Kypro-Minoisch und Kyprisch-Syllabisch (Haarmann 1995: 109 ff.). Zypern liegt zwar geographisch außerhalb des ägäischen Archipels, die Insel ist aber mit der altkretischen Kultur durch enge Kontakte verbunden, und die kulturellen wie wirtschaftlichen Bindungen zum Westen setzen sich bis in die klassisch-griechische Periode fort.

Die mykenischen Griechen standen bereits unter dem Einfluss der minoischen Kultur, noch bevor sie den Norden Kretas militärisch ihrem Machtbereich anschlossen. Die Eroberung Kretas erfolgte bald nach 1625 v. Chr., die älteste Inschrift in Linear B stammt aber vom Festland. Lange glaubte man, die Mykener hätten ihr Schriftsystem Linear B im 15. Jahrhundert v. Chr. auf Kreta entwickelt. Der Fund einer Weihinschrift in Linear B in der Kultstätte von Olympia (im Westen der antiken Halbinsel Peloponnes) stammt aus der Mitte des 17. Jahrhunderts v. Chr., was bedeutet, dass Linear B viel älter ist als bisher angenommen. Es gibt auch eine indirekte Bestätigung für die frühen Experimente mit Linear B auf dem Festland und diese findet man im Zeichenschatz der mykenisch-griechischen Linearschrift selbst. Einige Zeichen von Linear B weisen eindeutig auf Parallelen mit alteuropäischen Zeichen. Dies sind solche Zeichen, die keine Äquivalenzen im minoischen System Linear A haben (Abbildung 41).

Alteuropäisches Zeichen	Referenz-Nummer	Linear B Zeichen	Lautwert
	OE 105		e
	OE 118		je
	OE 229		te

Abbildung 41: Konvergenzen im Zeichenrepertoire von Linear B und der Donauschrift (ohne Parallelismen in Linear A); (nach Haarmann 1995: 154)

Der Zeichenbestand von Linear B ist etwa zur Hälfte aus dem Inventar von Linear A übernommen worden, die übrigen Zeichen sind mykenisch-griechische Innovationen oder direkte alteuropäische Konvergenzen.

Der ägäische Kultur- und Schriftexport ins östliche, westliche und südliche Mittelmeer

Die beiden altägäischen Schriftsysteme Linear A (zur Schreibung des Minoischen) und Linear B (zur Schreibung des Mykenisch-Griechischen) sind die wesentlichen Inspirationsquellen für Schriftadaptionen auf Zypern, im Nahen Osten, im westlichen Mittelmeer und in Nordafrika. Die Handelskontakte der Minoer wie der Mykener waren über ein Netz von Seerouten mit jenen Regionen verbunden, über die nicht nur Waren transportiert wurden, sondern über die auch Ideen und Kulturgüter ihren Weg fanden. In einigen Regionen sind durch Zuwanderung sogar Veränderungen der Bevölkerungsstruktur – mit entsprechenden Auswirkungen für die Kulturentwicklung – zu beobachten.

Im 12. und 11. Jahrhundert v. Chr. verändert sich die Demographie Zyperns aufgrund des Zustroms mykenischer Flüchtlinge vom Festland. Als die mykenische Macht um 1200 v. Chr. unter dem Ansturm der »Seevölker« zusammenbricht, flüchten viele Bewohner des südlichen Griechenland nach Zypern. Die Neuankömmlinge sind so zahlreich, dass sie ihre eigenen Gemeinwesen aufbauen und bald die Urbevölkerung der Insel eine Minderheit im eigenen Land ist. Die heutigen griechischen Zyprioten sind entfernte Nachfahren der Mykener, die damals nach Zypern übersiedelten. Die Mykener in Zypern und ihre Nachfahren schreiben Griechisch in einer neuen Schriftvariante, in Kyprisch-Syllabisch. Obwohl die schriftliche Überlieferung in Linear B auf dem Festland und auf Kreta abbricht, wird Griechisch weiterhin auf Zypern geschrieben. Dorthin gelangt später auch die Alphabetschrift, die das Kyprisch-Syllabische schließlich im 3. Jahrhundert v. Chr. endgültig abgelöst hat.

Von Zypern als wirtschaftlicher und kultureller Drehscheibe aus wird die Schrifttechnologie weiter vermittelt, in den Nahen Osten und in andere Regionen des Mittelmeers. Die Mittelmeerkulturen waren bereits Schriftkulturen, lange bevor sich die griechische Alphabetschrift und das lateinische Alphabet verbreiteten. Die Verflechtung der voralphabetischen Schrifttraditionen in ihrer wechselseitigen Abhängigkeit steht in Relation zur Kulturchronologie des Mittelmeerraums. Dazu gehören unter anderem Schriftsysteme, die bis ins Zeitalter der Alphabetschriften tradiert worden sind und erst der Konkurrenz des griechischen Alphabets weichen (Haarmann 1995: 109 ff., 2003: 123 ff.):

Schriftsysteme Altzyperns:

- Kypro-Minoisch zur Schreibung des Eteokyprischen, einer nicht-indoeuropäischen Sprache (ca. 1500 bis 12. Jh. v. Chr.)
- Kyprisch-Syllabisch zur Schreibung sowohl des Eteokyprischen als auch des Griechischen (11.–3. Jh. v. Chr.)

Schriftsysteme im Nahen Osten, die von altägäischen Schriften inspiriert worden sind:

- Levanto-Minoisch (Variante des Kypro-Minoischen), das aus Texten der Hafenstadt Ugarit an der syrischen Küste bekannt geworden ist (Buchholz 1982)
- Philisto-Minoisch, verwendet von den Philistern in Palästina (Schriftableger, mit Einflussnahme von Linear B und Kypro-Syllabisch); (Haarmann 1997: 50 f.)

Schriftsysteme auf der Iberischen Halbinsel:

- Die bastulo-turdetanische oder iberische Schrift von Baetica (der römische Name für Andalusien); ein alphabetisch-syllabisches Mischsystem (dokumentiert seit dem 5. Jh. v. Chr.)
- Die levantinisch-iberische Schrift im Nordosten; ein alphabetisch-syllabisches Mischsystem (dokumentiert seit 425 v. Chr.)

Die Silbenzeichen im Repertoire dieser altiberischen Schriften weisen deutliche graphische Parallelen mit ägäischen Schriftzeichen auf, insbesondere mit dem Kyprisch-Syllabischen (Haarmann 1997: 52 ff.). Kontakte zwischen Zypern und dem westlichen Mittelmeer bestanden bereits in vorrömischer Zeit und die Handelsroute vom Nahen Osten über Zypern, Süditalien bis nach Spanien wurde von zyprischen und phönizischen Kaufleuten frequentiert, die in »Joint Ventures« kooperierten. Die archäologische Forschung hat inzwischen

Erkenntnisse über die aktive Rolle Zyperns im vorrömischen Mittelmeerhandel erbracht (Reyes 1994).

Zyprische Seeleute und Kaufleute waren an den Handelsfahrten der Phönizier nach Westen beteiligt. In den iberischen Handelsstützpunkten wurden phönizische, mykenische und zyprische Waren ausgetauscht, und es ist mit der Präsenz von Phöniziern wie von schriftkundigen Leuten aus Zypern zu rechnen. Über diese Handelskontakte gelangte auch die Kenntnis der verschiedenen Schriftarten als Kulturgut zu den Iberern, die damit auf ihre Weise experimentierten und eines der originellsten Schriftsysteme im Mittelmeerraum schufen.

Altes Schriftsystem Nordafrikas:

- Die numidische Schrift (dokumentiert zwischen dem 2. Jh. v. Chr. und dem 3. Jh. n. Chr.) und ihr später Ableger, die berberische Schrift (Ti-Finagh)

Außer über Ägypten existierte für den Handel mit den südlichen Ländern auch eine Handelsroute, die Kreta direkt mit Nordafrika verband. Sehr wahrscheinlich gab es in der Region an der libyschen Küste, die die Griechen später Cyrenaica nannten, Landeplätze für Schiffe oder auch frühe Handelsstützpunkte, über die Waren aus Innerafrika direkt nach Kreta gelangten, also nicht über den Umweg über Ägypten. Darauf deuten Funde von Straußeneiern und Elfenbein auf Kreta, die bereits ins 3. Jahrtausend v. Chr. zu datieren sind. In der Cyrenaica endete die innerafrikanische Handelsroute, die über die Oasen von Augila, Kufra und Umschlagplätze in der Tibesti-Region führte.

Die Handelskontakte zwischen Nordafrika und der Ägäis setzen sich kontinuierlich über die Periode der Bronzezeit bis in die Eisenzeit fort, bis in die Epoche der griechischen Kolonisation. Vom geopolitischen Standpunkt aus betrachtet war die Cyrenaica »ein Gebiet, dessen Klima und geographische Lage es zu einer logischen Erweiterung für jede ägäische Zivilisation machte« (Boardman 1980: 153). Die ersten Griechen vom Festland, die später Handelsstützpunkte an der Cyrenaica-Küste anlegten, waren die Spartaner im 7. Jahrhundert v. Chr. Zunächst legten ihre Schiffe auf den Inseln Platea und Aziris an, im Jahre 631 v. Chr. wurde Cyrene gegründet (Malkin 1994: 49 f.).

Die zyprische Beteiligung am Handel der Griechen mit Libyen ist bislang in mysteriöses Dunkel gehüllt. In einigen antiken Quellen wird auf Kontakte zwischen Zypern und Libyen hingewiesen, so in der »Odyssee« (IV, 85–91). Wie im Fall der phönizisch-zyprischen Joint Ventures beim Handel mit den Iberern, so kann man auch auf der Handelsroute nach Afrika mit gemeinsamen Unternehmungen minoischer, später festlandgriechischer und zyprischer Kaufleute rechnen. Archäologische Funde phönizischer Waren bestätigen die Anwesenheit phönizischer Kaufleute an den Küsten Nordafrikas seit dem 11. Jahrhundert v. Chr.

Die Zyprioten, die damals nach Nordafrika kamen, können nach Zypern eingewanderte Griechen arkadischer Herkunft oder Eteokyprer, Angehörige der einheimischen Bevölkerung, gewesen sein. Denn die Sprachen beider Völker wurden mit Kyprisch-Syllabisch geschrieben. Die Annahme einer Präsenz zyprischer Kaufleute wird durch neuere Schriftfunde in der Cyrenaica bestätigt. In Cyrene sind Gemmen gefunden worden, die in Kyprisch-Syllabisch beschriftet sind. Diese Gemmen werden in die archaische Periode der altzyprischen Kultur (520–480 v. Chr.) datiert (Reyes 1994: 123).

Direkte Kontakte hatten die ägäischen Kaufleute mit den Libyern, die die nach ihnen benannte Landschaft Libyen bewohnten. Diese waren selbst berberischer Abstammung und ihre Sprache war eng mit dem Numidischen verwandt. Die Numider lebten weiter im Westen und wurden von den Griechen *nomades* »Nomaden« genannt, woraus die Römer den Namen *Numidae* ableiteten. Die Sprache der Numider, das Numidische (bzw. Altlibysche), war eine archaische Form des Berberischen. Das Berberische ist ein Sprachzweig innerhalb der afroasiatischen Sprachfamilie.

Die mehr als 1100, meist kurzen und oft schwer zu datierenden Inschriften enthalten hauptsächlich Personennamen. Hilfreich für die Deutung des Numidischen sind zweisprachige Inschriften. Dazu gehört auch die wohl bekannteste der Bilinguen, die auf 139 v. Chr. datierte numidisch-punische Grabinschrift des Masinissa. Die meisten numidisch-lateinischen Bilinguen stammen aus dem westlichen Teil Nordafrikas, aus dem heutigen Marokko.

Der größte Teil der numidischen Texte sind Grabinschriften mit formelhaften Wendungen, die in Tunesien, Algerien und Marokko gefunden worden sind. In ihnen sind alte berberische Namenformen erhalten. Bei den numidischen Namen handelt es sich um archaische Satznamen, in denen bestimmte Themenelemente variiert werden (z.B. Namen wie *Mas-ilan* »der Herr (= Gott) hat zu eigen«, *Mas-elat* »Herr, nimm ihn zu eigen«, *Tak-malas* »der Herr ist sein Eigner« zur Verbwurzel *l* »in Besitz nehmen«). Diese alten Namen sind verschwunden. Heutzutage sind bei den Berbern Nordafrikas überwiegend islamisch-arabische Personennamen gebräuchlich. Es gibt eine Region im heutigen Tunesien, wo das Numidische auch in monumentalen Inschriften verwendet wurde, und zwar im massylischen Thugga (tunesisch *Dougga*). Diese Monumentalinschriften entstanden nach punischen Vorbildern.

Die numidische (altlibysche) Schrift gehört zum Kreis der alten Linearschriften des Mittelmeerraums. Es werden drei Varianten der numidischen Schrift unterschieden: die massylische Schrift (im nördlichen Tunesien und im östlichen Algerien), die masaesylische Schrift (im südlichen Tunesien, westlichen Algerien und im nördlichen Marokko), die gaetulische Schrift (im südlichen Marokko). Nach ihrer Organisation repräsentiert dieses Schrift mit ihren 21 Zeichen das Prinzip einer Alphabetschrift, bei der – wie im Fall der semitischen

Alphabete – nur die Konsonanten bezeichnet werden. Dieses Organisationsprinzip wie auch einige der Zeichenformen weisen auf eine historische Beziehung zu den südsemitischen (thamudischen) Schriften.

Stellt man die Zeicheninventare der numidischen, kretischen und zyprischen Schriften in einen Reihenvergleich, wird deutlich, dass die numidische Vorliebe für geometrische Zeichenformen auf Einflüsse aus dem ägäischen Raum weist. Visuelle Vorbilder für viele Zeichen der numidischen Schrift waren das Zeichenrepertoire der altkretischen Schrift Linear A und der kyprisch-syllabischen Schrift Altzyperns. Die größte Affinität zwischen den Zeichen aus dem ägäischen Kulturkreis und denen Nordafrikas zeigt sich in den numidisch-zyprischen Parallelismen (Haarmann 1997: 54 ff.)

Zu diesen graphischen Parallelismen gehören insbesondere solche Zeichen, die nur im Kyprisch-Syllabischen vorkommen, im Inventar von Linear A aber nicht bekannt sind. Dies gilt für die numidischen Zeichen zur Schreibung von [d], [g], [k] und das Zeichen in Form einer 8 für [s]. Das elementare Prinzip der numidischen Schrift besteht darin, dass sich ihre Zeichen an »axialer und/oder zentraler Symmetrie« (Rössler 1979: 90 f.) orientieren. Eben dieses Prinzip dominiert auch das Repertoire der Schriften Alteuropas und der Ägäis, ebenso das Kyprisch-Syllabische.

In der Tradition der numidischen Schriftlichkeit sind die lineare und die alphabetische Orientierung eine einzigartige Symbiose eingegangen. Während das Schreibprinzip nach nahöstlicher Tradition strikt alphabetisch ist, setzt sich das Zeicheninventar größtenteils aus graphischen Elementen zusammen, die ganz offensichtlich von ägäischen, insbesondere zyprischen Vorbildern inspiriert worden sind.

Wann die numidische Schrift außer Gebrauch kam, ist nicht bekannt. Mit Sicherheit sind aber keine Inschriften mehr in nachrömischer Zeit verfasst worden. Die numidische Schrift ist jedoch nicht in Vergessenheit geraten, denn offensichtlich blieb die visuelle Erinnerung an den Zeichenschatz im kulturellen Gedächtnis der lokalen berberischen Bevölkerung erhalten. Aus dem alten Schriftsystem entwickelte sich eine Ableitung, die bei den Tuareg verwendete Ti-Finagh (berberisch *ta-finekk*). Die Herkunft des Namens ist nicht sicher. Als mögliche Quellen kommen lateinisch *punica* »punisch(e Schrift)« oder griechisch *pinax* »Schreibtafel« in Betracht. Diese Berber-Schrift mit ihren 26 Buchstabenzeichen ist ein Mischsystem. Im Wortanlaut und -inlaut werden nur Konsonanten geschrieben, im Auslaut auch Vokale. Ti-Finagh ist früher für kurze Inschriften auf Felswänden, für Graffiti in Baumrinde, für Gravierungen auf Armreifen u.ä. verwendet worden.

In den 1990er Jahren hat Ti-Finagh im Prozess der Aufwertung des berberischen Kulturerbes eine Renaissance erlebt. Im Zusammenhang einer Stärkung des kulturellen Selbstbewusstseins der berberischen Bevölkerung in den nordafrikanischen Staaten wird auch Ti-Finagh wieder geschätzt und gebraucht. Vom Standpunkt der Kulturgeschichte des alten Europa bedeutet die Renaissance der berberischen Schrift das Wiederaufleben eines visuellen Vermächtnisses, das zwischenzeitlich schon fast untergegangen war. Wenn auch in einem sehr schwachen Abglanz, so haben sich im Ti-Finagh Spuren der altägäischen Schriftlichkeit erhalten, die bis heute erkennbar sind.

Ausblick

Die Aufgaben, die sich für die zukünftige Forschung stellen, sind breit ausgefächert und betreffen praktisch alle Aspekte der balkanisch-ägäischen Kulturdrift von ihren Anfängen im 3. Jahrtausend v. Chr. bis zur Endphase in der Periode der Konkurrenz ägäischer – und ägäisch inspirierter – Schriftsysteme mit den Alphabetschriften, der griechischen und lateinischen, im 1. Jahrtausend v. Chr. Solange spezielle Ausarbeitungen zur Schriftverbreitung und -verwendung während dieses Zeitraums im Mittelmeerraum ausstehen, haben die hier vorgestellten Annahmen über die Kulturdrift den Wert einer Arbeitshypothese. Sollten sich die postulierten Beziehungen zwischen Basisschriften und deren Ableitungen (Donauschrift > Linear A; Linear A > Linear B; Linear A/Linear B > Kypro-Minoisch/Kypro-Syllabisch; altzyprische Schriften > Philisto-Minoisch, numidische Schrift, iberische Silbenzeichen) durch Erkenntnisse der zukünftigen Detailforschung absichern lassen, könnte die Hypothese zu einer Theorie über die Kulturdrift ausgebaut werden.

Bestimmte Einzelkomponenten der Drift sind bereits gut erforscht und weitgehend anerkannt, zum Beispiel der Schriftexport von den Minoern zu den Mykenern und Zyprern. Was weiterer Detailforschung bedarf ist der Transferprozess der Schrifttechnologie vom Festland nach Kreta und die Spätphase der Ausstrahlung von Zypern in andere Regionen. Es gilt also, den gesicherten Kern der Kulturdrift weiter auszubauen, in Zeit und Raum.

7 Bibliographie

Andrews, Carol (1982): The Rosetta stone. London: British Museum Press

Anthony, David W. (2007): The horse, the wheel and language. How Bronze-Age riders from the Eurasian steppes shaped the modern world. Princeton, New Jersey & Oxford: Princeton University Press

– (2009a): The rise and fall of Old Europe, in: Anthony 2009b: 29–57

– (Hrsg.) (2009b): The lost world of Old Europe. The Danube valley, 5000–3500 BC. New York: Institute for the Study of the ancient world; Princeton, New Jersey & Oxford: Princeton University Press

Bagley, Robert W. (2004): Anyang writing and the origin of the Chinese writing system, in: Houston 2004: 190–249

Bailey, Douglass W. (2000): Balkan prehistory. Exclusion, incorporation and identity. London & New York: Routledge

Baines, John (2004): The earliest Egyptian writing: development, context, purpose, in: Houston 2004: 150–189

Barber, Elizabeth Wayland (1991): Prehistoric textiles. The development of cloth in the Neolithic and Bronze Ages. Princeton, New Jersey: Princeton University Press

Bard, Kathryn A. (Hrsg.) (1999): Encyclopedia of the archaeology of ancient Egypt. London & New York: Routledge

Biehl, Peter (1996): Symbolic communication systems: symbols of anthropomorphic figurines of the Neolithic and Chalcolithic from southeastern Europe, in: Journal of European Archaeology 4, 153–176

Boardman, John (1980): The Greeks overseas. Their early colonies and trade. London (2nd ed.)

Boltz, William G. (1996): Early Chinese writing, in: Daniels/Bright 1996: 191–199

Borić, Dušan (1999): Places that created time in the Danube Gorges and beyond, c. 9000–5500 BC, in: Documenta Praehistorica XXVI: 41–70

Breazu, Marius / Suteu, Calin (Hrsg.) (2007): A history lesson – Pottery manufacturing 8000 years ago. Alba Iulia: Aeternitas Publisher

Brukner, Bogdan (2002): Die Vinča-Kultur in Raum und Zeit, in: Akademija Nauka i Umjetnosti Bosne i Hercegovine – Godišnjak 32: 61–103

Buchholz, Hans-Günter (1969): Die ägäischen Schriftsysteme und ihre Aus-

strahlung in die ostmediterranen Kulturen, in: Frühe Schriftzeugnisse der Menschheit. Göttingen: 88–150
– (1982): Syrien und Zypern/Kreta/Griechenland, in: Kohlmeyer/Strommenger 1982: 309–314
– (1987a): Spätbronzezeitliche Beziehungen der Ägäis zum Westen, in: Buchholz 1987b: 237–256
– (1987b): Ägäische Bronzezeit. Darmstadt: Wissenschaftliche Buchgesellschaft
Budja, Mihael (2004): The transition to farming and the ›revolution‹ of symbols in the Balkans. From ornament to entoptic and external symbolic storage, in: Documenta Praehistorica XXXI: 59–81
– (2005): The process of Neolithisation in South-eastern Europe: from ceramic female figurines and cereal grains to entoptics and human nuclear DNA polymorphic markers, in: Documenta Praehistorica XXXII: 53–72
Burkert, Walter (1985): Greek religion, archaic and classical. Cambridge, MA & Oxford: Harvard University Press

Cavruc, Valeriu / Chiricescu, Andrea (Hrsg.) (2006): Sarea, timpul di omul (catalog de expozitie). Sfîntu Gheorghe: Editura Angustia
Chapman, John (2000): Fragmentation in archaeology: People, places and broken objects in the prehistory of South Eastern Europe. London: Routledge
– (2001): Intentional fragmentation in the Neolithic and Copper Age of South East Europe: Incised signs and pintaderas, in: Draşovean 2001: 217–243
Childe, Gordon (1950): The urban revolution, in: Town Planning Review 21: 3–17
Coe, Michael D. (1992): Breaking the Maya code. London: Thames and Hudson
Connelly, Joan Breton (2010): Portrait of a priestess. Women and ritual in ancient Greece. Princeton & Oxford: Princeton University Press (5th ed.).
Cook B.F. (1990): Greek Inscriptions, in: Hooker 1990: 259–319
Cooper, Jerrold S. (2004): Babylonian beginnings: the origin of the cuneiform writing system in comparative perspective, in: Houston 2004: 71–99

Daniels, Peter T. and William Bright (Hrsg.) (1996): The world's writing systems. New York & Oxford: Oxford University Press
Davison, Kate et al. (2007): A pan-European model of the Neolithic, in: Documenta Praehistorica XXXIV: 139–154
De Bary, Theodore / Bloom, Irene (Hrsg.) (1999): Sources of Chinese tradition, vol. 1: From earliest times to 1600. New York: Columbia University Press
Dergachev, Valentin A. (2007): O skipetrakh, o loshadiakh, o vojne. Etiudy v zashchitu migratsionnoj kontseptsii M. Gimbutas. St. Petersburg: Nestor-Istoriia

Draşovean, Florin (Hrsg.) (2001): Festschrift für Gheorghe Lazarovici zum 60. Geburtstag. Timişoara: Editura Mirton

Dreyer, Günter (1998): Umm El-Qaab I. Das prädynastische Königsgrab U-j und seine frühen Schriftzeugnisse. Mainz: Philipp von Zabern

Dürscheid, Christa (2006): Einführung in die Schriftlinguistik. Göttingen: Vandenhoeck & Ruprecht (3. Aufl.)

Dzhanfezova, Tanya (2009): Towards an interpretation of pintaderas: questions and possibilities for their use, in: Marler and Dexter 2009: 145–159

Finke, Fiona (2009): Kat. 280 – Brotstempel, in: Hattler 2009: 322

Foley, Helene P. (1999): The Homeric hymn to Demeter. Translation, commentary and interpretive essays. Princeton, New Jersey: Princeton University Press (3rd ed.)

Frymer-Kensky, Tikva (1992): In the wake of the goddesses. Women, culture and the biblical transformation of pagan myth. New York: Fawcett Columbine

Georgiev, Georgi (1969): Un sceau inscrit de l'époque chalcolithique trouvé en Thrace, in: Studi Micenei ed egeo-anatolici IX: 32–35

Gheorghiu, Dragos and Robert Skeates (Hrsg.) (2008): Prehistoric stamps – Theory and experiments. Bucarest: Editura Universitatii din Bucuresti

Gimbutas, Marija (1982): The goddesses and gods of Old Europe 7000 to 3500 B.C. Myths, legends and cult images. London: Thames & Hudson (2nd ed.)

– (1989): The language of the Goddess. San Francisco: Harper & Row

– (1991): The civilization of the Goddess. The world of Old Europe. San Francisco: Harper

– (1992): Die Ethnogenese der europäischen Indogermanen. Innsbruck: Institut für Sprachwissenschaft der Universität Innsbruck

Gligor, Mihai et al. (2007): A history lesson – general data on Neolithic, manufacturing techniques and analysis methods for ancient pottery, in: Breazu/Suteu 2007: 110–133

Green, M.W. / Nissen, Hans J. (1987): Zeichenliste der archaischen Texte aus Uruk. Berlin: Gebrüder Mann Verlag

Grumach E. (1967): Neue Schriftsiegel der Sammlung Metaxas, Herakleion, in: Kadmos 6: 6–14

Haarmann, Harald (1989): Writing from Old Europe to ancient Crete – a case of cultural continuity, in: Journal of Indo-European Studies 17: 251–277

– (1992): Universalgeschichte der Schrift. Frankfurt & New York: Campus (2. Aufl.)

– (1995): Early civilization and literacy in Europe: An inquiry into cultural

continuity in the Mediterranean world. Berlin & New York: Mouton de Gruyter
– (1996): Die Madonna und ihre griechischen Töchter. Rekonstruktion einer kulturhistorischen Genealogie. Hildesheim, Zürich & New York: Olms
– (1997): Writing technology in the ancient Mediterranean and the Cyprian connection, in: Mediterranean Language Review 9: 43–73
– (1999): Schriftentwicklung und Schriftgebrauch in Südosteuropa vor der Verbreitung des Alphabets, in: Hinrichs 1999: 185–209
– (2002): Geschichte der Schrift. München: C.H. Beck (3. Aufl. 2007)
– (2003): Geschichte der Sintflut. Auf den Spuren der frühen Zivilisationen. München: C.H. Beck (2. Aufl. 2005)
– (2005): The Challenge of the abstract mind: Symbols, signs and notational systems in European prehistory, in: Documenta Praehistorica XXXII: 221–232
– (2006): On the fabric of Old World civilizations: Human response to the Black Sea flood and subsequent climatic change, in: Journal of Archaeomythology 2: 27–64
– (2007): Foundations of culture. Knowledge-construction, belief systems and worldview in their dynamic interplay. Frankfurt, Berlin, Bruxelles & New York: Peter Lang
– (2008 a): Weltgeschichte der Zahlen. München: C.H. Beck
– (2008 b): A comparative view of the Danube script and other ancient writing systems, in: Marler 2008: 11–22
– (2008 c): The Danube script and its legacy: Literacy as a cultural identifier in the Balkanic-Aegean convergence zone, in: Marler 2008: 61–76
– (2009): Interacting with figurines. Seven dimensions in the study of imagery. West Hartford, Vermont: Full Circle Press
– (2010 a): Writing as technology and cultural ecology. Explorations of the human mind at the dawn of history (im Druck)
– (2010 b): Die Indoeuropäer. Herkunft, Sprache, Kultur. München: C.H. Beck
Haarmann, Harald / Marler, Joan (2008a): Introducing the Mythological Crescent. Ancient beliefs and imagery connecting Eurasia with Anatolia. Wiesbaden: Harrassowitz
– (2008 b): Reflections on the origins of the Danube script and its role in the communities of early agriculturalists, in: Marler 2008: 3–9
Harrison, Richard J. (1988): Spain at the dawn of history. Iberians, Phoenicians and Greeks. London: Thames & Hudson
Hattler, Claus (Hrsg.) (2009): Das Königreich der Vandalen – Erben des Imperiums in Nordafrika. Mainz: Philipp von Zabern; Karlsruhe: Badisches Landesmuseum
Helck, Wolfgang (1979): Die Beziehungen Ägyptens und Vorderasiens zur Ägäis bis ins 7. Jahrhundert v. Chr. Darmstadt: Wissenschaftliche Buchgesellschaft

Hinrichs, Uwe (Hrsg.) (1999): Handbuch der Südosteuropa-Linguistik. Wiesbaden: Harrassowitz

Hodder, Ian (1990): The domestication of Europe. Structure and contingency in Neolithic societies. Oxford: Oxford University Press

– (1992): Theory and practice in archaeology. London & New York: Routledge

– (2006): Çatalhöyük – The leopard's tale. Revealing the mysteries of Turkey's ancient ›town‹. London: Thames & Hudson

Hofmann, J.B. (1966): Etymologisches Wörterbuch des Griechischen. Darmstadt: Wissenschaftliche Buchgesellschaft

Hood, M.S.F. (1967): The Tărtăria tablets, in: Antiquity 41: 99–102

Hooker, J.T. (1979): The origin of the Linear B script. Salamanca

– (Hrsg.) (1990): Reading the past. Ancient writing from cuneiform to the alphabet. London: British Museum Publications

Horn, Heinz Günter / Rüger, Christoph B. (1979): Die Numider. Reiter und Könige nördlich der Sahara. Köln-Bonn: Rheinland-Verlag

Houston, Stephen D. (Hrsg.) (2004): The first writing. Script invention as history and process. Cambridge & New York: Cambridge University Press

Jeffery, L.H. (1990): The local scripts of archaic Greece: A study of the origins of the Greek alphabet and its development from the eighth to the fifth centuries B.C. Oxford: Oxford University Press (2nd ed.).

Keightley, David N. (1985): Sources of Shang history. The oracle-bone inscriptions of Bronze Age China. Berkeley, Los Angeles & London: University of California Press (Reprint der Auflage von 1978)

– (1999): The oracle-bone inscriptions of the late Shang dynasty, in: De Bary and Bloom 1999: 3–23

Kolištrkoska Nasteva, Irena (2005): Praistoriskite dami od Makedonija – Prehistoric Macedonian Ladies. Skopje: Museum of Macedonia

Kohlmeyer, Kay / Strommenger, Eva (Hrsg.) (1982): Land des Baal. Syrien – Forum der Völker und Kulturen. Berlin: Museum für Vor- und Frühgeschichte; Mainz: Philipp von Zabern

Kruta, Venceslas (1993): Die Anfänge Europas 6000–500 v. Chr. München: C.H. Beck

Lazarovici, Cornelia-Magda (2005): Anthropomorphic statuettes from Cucuteni-Tripolye: some signs and symbols, in: Documenta Praehistorica 32, 145–154

– (2009a): Symbols and signs of the Cucuteni-Tripolye culture, in: Marler/Dexter 2009: 87–111

– (2009b): Cucuteni ceramics: technology, typology, evolution, and aesthetics, in: Anthony 2009b: 128–161

Lazarovici, Cornelia-Magda / Lazarovici, Gheorghe (2007): Arhitectura neoliticului şi epocii cuprului din România II: Epoca cuprului. Iaşi: Trinitas

Lazarovici, Gheorghe (2008): Database for signs and symbols of spiritual life, in: Journal of Archaeomythology 4: 94–125

– (2009): Database for signs and symbols of spiritual life, in: Marler/Dexter 2009: 63–86

Lazarovici, Gheorghe / Merlini, Marco (2005): New archaeological data refering to Tărtăria tablets, in: Documenta Praehistorica XXXII: 205–219

– (2008): New information and the role of the Tărtăria discoveries, in: Marler 2008: 39–51

Lazarovici, Gheorghe / Draşovean, Fl. / Maxim, Z. (2001): Parţa, 2 Bde. Timi şoara: Editura Waldpress

Lewis, Mark Edward (2007): The early Chinese empires – Qin and Han. Cambridge, Massachusetts & London: The Belknap Press of Harvard University Press

Lewis-Williams, David (2002): The mind in the cave. Consciousness and the origins of art. London: Thames & Hudson

Maier, F.G. / Karageorghis, V. (1984): Paphos. History and archaeology. Nicosia: A.G. Leventis Foundation

Maisels, Charles Keith (1999): Early civilizations of the Old World. The formative histories of Egypt, the Levant, Mesopotamia, India and China. London & New York: Routledge

Malkin, Irad (1994): Myth and territory in the Spartan Mediterranean. Cambridge: Cambridge University Press

Marinatos, Nanno (1988): Kunst und Religion im alten Thera. Zur Rekonstruktion einer bronzezeitlichen Gesellschaft. Athen: Mathioulakis

Marler, Joan (Hrsg.) (2008): The Danube script. Neo-Eneolithic writing in southeastern Europe (exhibition catalogue). Sebastopol, CA: Institute of Archaeomythology

Marler, Joan / Dexter, Miriam Robbins (Hrsg.) (2009): Signs of civilization. Neolithic symbol system of Southeast Europe. Sebastopol, CA: Institute of Archaeomythology (in collaboration with the Serbian Academy of Sciences and Arts, Novi Sad Branch)

Martin, Henri-Jean (1994): The history and power of writing. Chicago: University of Chicago Press

Masson, Emilia (1984): L'Écrituré dans les civilisations danubiennes néoithiques, in: Kadmos 23: 89–123

Maxim, Zoia / Marler, Joan / Crişan, Viorica (Hrsg.) (2009): The Danube script in light of the Turdaş and Tărtăria discoveries. Cluj-Napoca: National History Museum of Transylvania; Sebastopol, CA: Institute of Archaeomythology

Mayer, Gereon (2009): Erkennen, Denken, Schreiben. Frankfurt, Berlin, Oxford & New York: Peter Lang
Merlini, Marco (2004): La scrittura è nata in Europa? Rom: Avverbi
– (2008): Evidence of the Danube script in neighboring areas: Serbia, Bulgaria, Greece, Hungary, and the Czech Republic, in: Marler 2008: 53–60
– (2009a): An inquiry into the Danube script. Sibiu & Alba Iulia: Editura Altip
– (2009b): The Danube script and Turdaş. The script-like signs found by baroness Zsófia von Torma, in: Maxim et al. 2009: 21–43
Morgan, L. (1988): The miniature wall paintings of Thera. A study in Aegean culture and iconography. Cambridge & New York: Cambridge University Press
Murdin, Paul / Penston, Margaret (Hrsg.) (2004): The Firefly Encyclopedia of Astronomy. Buffalo (New York); Richmond Hill (Ontario): Firefly Books

Nikolov, Bogdan / Georgiev, Georgi (1970): Débuts d'écriture du chalcolithique dans les terres bulgares, I–II, Arheologia 12, 3
Nikolov, Vasil (2007): Neolitni kultovi masički (Neolithic altars). Sofia: National Institute of Archaeology and Museum
– (Hrsg.) (2008): Provadia-Solnitsata. Prehistoric salt-producing center. Sofia: National Institute of Archaeology and Museum
– (2009): On the semantics of Neolithic altars, in: Marler/Dexter 2009: 141–144
Nile, Richard / Clerk, Christian (1996): Cultural atlas of Australia, New Zealand and the South Pacific. Abingdon (England)/New York: Facts On File

Owens, Garreth A. (1999): Balkan Neolithic scripts, in: Kadmos 38, 114–120
– (2009): Was there a script in final Neolithic Greece?, in: Marler/Dexter 2009: 193–199

Parpola, Asko (1994): Deciphering the Indus script. Cambridge & New York: Cambridge University Press
Paul, Iuliu (1995): Vorgeschichtliche Untersuchungen in Siebenbürgen. Alba Iulia: Editura Imago
– (2009): About the origin and evolution of Neo-Eneolithic signs and symbols, in: Marler/Dexter 2009: 129–139
Pernicka, Ernst / Anthony, David W. (2009): The invention of copper metallurgy and the Copper Age of Old Europe, in: Anthony 2009b: 162–177
Poruciuc, Adrian (2010): Prehistoric roots of Romanian and Southeast European traditions. Sebastopol, CA: Institute of Archaeomythology
Ray, John D. (1999): Papyrus, in: Bard 1999: 610–611
Renfrew, Colin (1973): Before civilization: The radiocarbon revolution and prehistoric Europe. London and New York: Penguin Books

Reyes, A.T. (1994): Archaic Cyprus. A study of the textual and archaeological evidence. Oxford: Clarendon Press

Rice, Prudence M. (2007): Maya calendar origins. Monuments, mythistory, and the materialization of time. Austin: University of Texas Press

Roska, Márton (1941): Die Sammlung von Zsofia von Torma in der Numismatisch-Archäologischen Abteilung des Siebenbürgischen Nationalmuseums. Kolozsvar/Cluj

Rössler, Otto (1979): Die Numider. Herkunft – Schrift – Sprache, in: Horn and Rüger 1979: 89–97

Rudgley, Richard (1999): Lost civilisations of the Stone Age. London & Sydney: Arrow Books

Rutkowski, B. (1986): Some script signs on Aegean Bronze-Age vessels, in: Kadmos 25: 22–25

Sampson, Adamantios (2009): Incised symbols in Neolithic and Bronze Age Greece and their relation to the Old European script, in: Marler/Dexter 2009: 187–192

Saunders, Nicholas J. (1991): The cult of the cat. London: Thames and Hudson

Schmandt-Besserat, Denise (1992): Before writing, vol. I: From counting to cuneiform. Austin: University of Texas Press

Schmidt, Klaus (2006): Sie bauten die ersten Tempel. Das rätselhafte Heiligtum der Steinzeitjäger – Die archäologische Entdeckung am Göbekli Tepe. München: C.H. Beck

Sèfèriadès, Michel Louis (2009): Spondylus and long-distance trade in prehistoric Europe, in: Anthony 2009b: 178–190

Sieveking, G. de G. / Longworth, I.H. / Wilson, K.E. (Hrsg.) (1976): Problems in economic and social archaeology. London: Duckworth

Slavchev, Vladimir (2009): The Varna Eneolithic cemetery in the context of the late Copper Age in the East Balkans, in: Anthony 2009b: 192–210

Starović, Andrej (Hrsg.) (2004): Znaci civilizacije – Katalog izlozhbe / Signs of civilization – exhibition catalogue. Novi Sad: Institute of Archaeomythology & Serbian Academy of Sciences and Arts Branch in Novi Sad

Stoytchev, Todor (1997a): Archaeoastronomy: Prehistoric time measuring data in Bulgaria. Sofija: Agatho Publishers

– (1997b): Regional sun-based calendar: New interpretation of a late Eneolithic find, in: Archaeology in Bulgaria 1: 30–38

Tkachuk, Taras (2005): Znakovy sistemi Trypil's'ko-Kukutens'koy kul'turnoystorichnoy spyl'nosty (mal'ovanij posud), 2 Bde. Vynnitsja: Nova Kniga

– (2009): The Trypillia-Cucuteni sign system on painted pottery, in: Marler/Dexter 2009: 161–177

Todorova, H. / Vajsov, I. (1993): Novokamennata epokha v Balgarija (krajat na srednoshesto khiljadoletie predi novata era). Sofija

Torma, Sofie von (1894): Ethnographische Analogien. Ein Beitrag zur Gestaltungs- und Entwicklungsgeschichte der Religionen. Jena

Türcke, Christoph (2005): Vom Kainszeichen zum genetischen Code – Kritische Theorie der Schrift. München: C.H. Beck

Ursulescu, Nicolae / Tencariu, Felix Adrian (2006): Religie şi magie la est de Carpaţi acum 7000 de ani. Tezaurul cu obiecte de cult de la Isaiia. Iaşi: Casa Editorială Demiurg

Vasileva, Margarita (Hrsg.) (2003): Traditional Bulgarian calendar – Illustrated encyclopedia. Plovdiv: Bulgarian Academy of Sciences

Videjko, Michail J. (2003): Trypil'ška civilizacija. Kiev: Industrial'nij sojuz Donbasu (2. Aufl.)

– (2008): Ukraina: Ot Tripol'ja do Antov. Kiev: KVSC

– (2009): Signs and sign systems of the Trypillia culture (5400–2750 BC), in: Marler/Dexter 2009: 179–186

Walker, C. B. F. (1990): Cuneiform, in: Hooker 1990: 17–73

Watson, Peter (2005): Ideas – A history from fire to Freud. London: Phoenix

Watt, W.C. (1989): Getting writing right, in: Semiotica 75: 279–315

Winn, Shan M.M. (1981): Pre-writing in southeastern Europe: The sign system of the Vinča culture ca. 4000 B.C. Calgary: Western Publishers

– (2004): The inventory of the Danube script (DS). Rome: Prehistory Knowledge Project. http://www.prehistory.it/ftp/inventory/danube_script/danube_script_01.htm

– (2009): The Danube (Old European) script – Ritual use of signs in the Balkan-Danube region c. 5200–3500 BC, in: Marler/Dexter 2009: 49–62

Anhang

Inventar der Zeichen der Donauschrift
(nach Haarmann 1995, fig. 32)

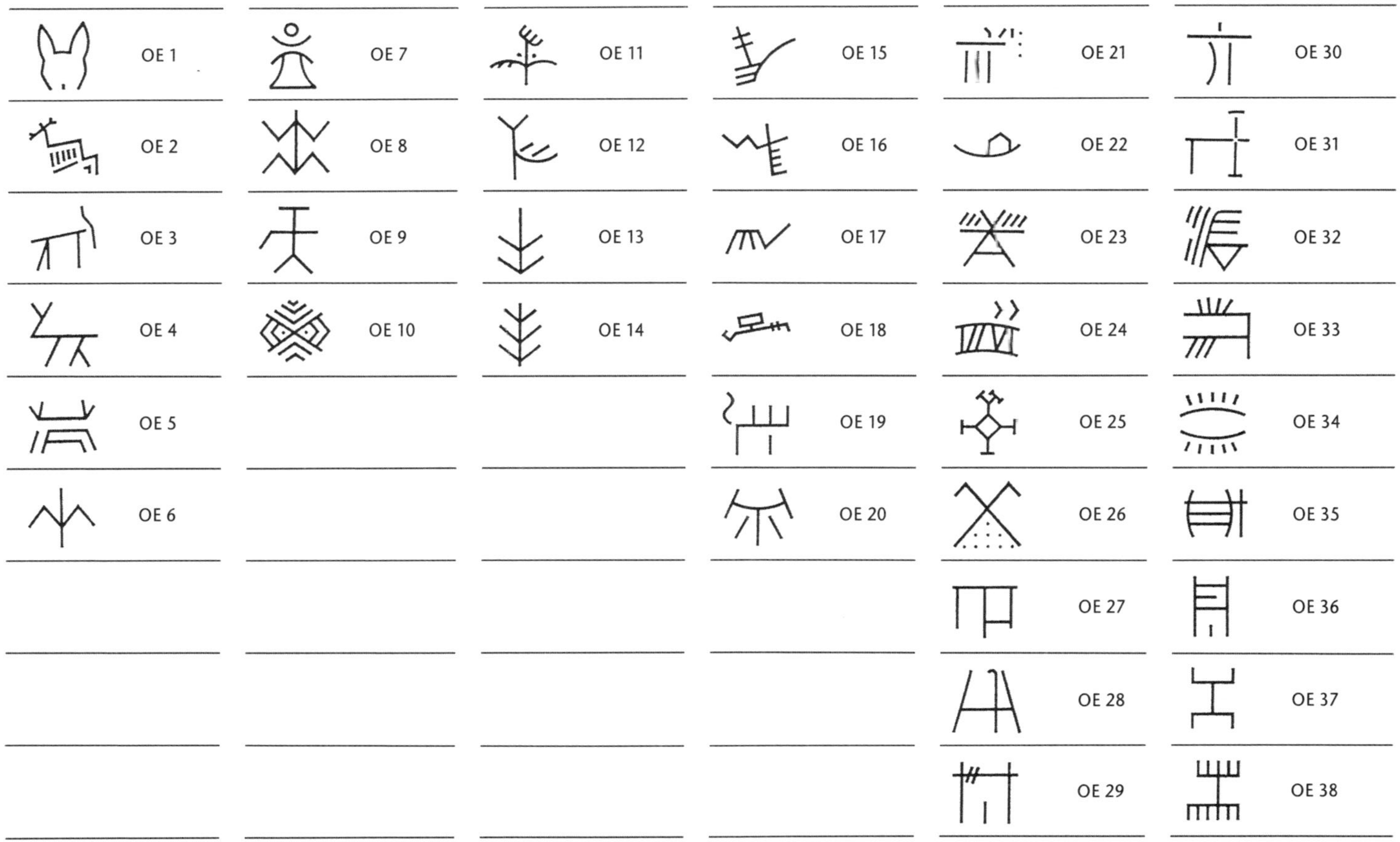
OE 1
OE 2
OE 3
OE 4
OE 5
OE 6
OE 7
OE 8
OE 9
OE 10
OE 11
OE 12
OE 13
OE 14
OE 15
OE 16
OE 17
OE 18
OE 19
OE 20
OE 21
OE 22
OE 23
OE 24
OE 25
OE 26
OE 27
OE 28
OE 29
OE 30
OE 31
OE 32
OE 33
OE 34
OE 35
OE 36
OE 37
OE 38

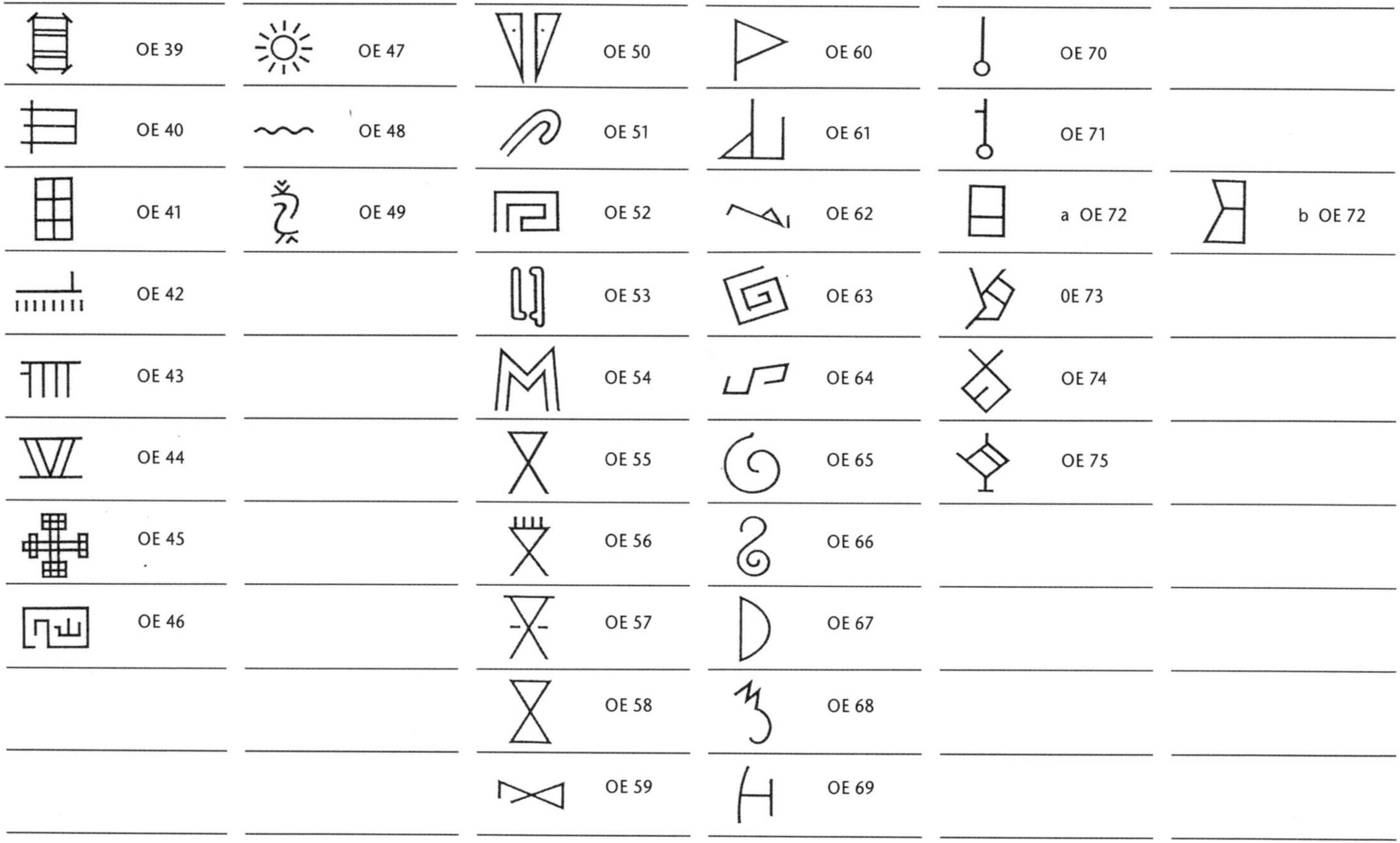
OE 39
OE 47
OE 50
OE 60
OE 70
OE 40
OE 48
OE 51
OE 61
OE 71
OE 41
OE 49
OE 52
OE 62
a OE 72
b OE 72
OE 42
OE 53
OE 63
0E 73
OE 43
OE 54
OE 64
OE 74
OE 44
OE 55
OE 65
OE 75
OE 45
OE 56
OE 66
OE 46
OE 57
OE 67
OE 58
OE 68
OE 59
OE 69

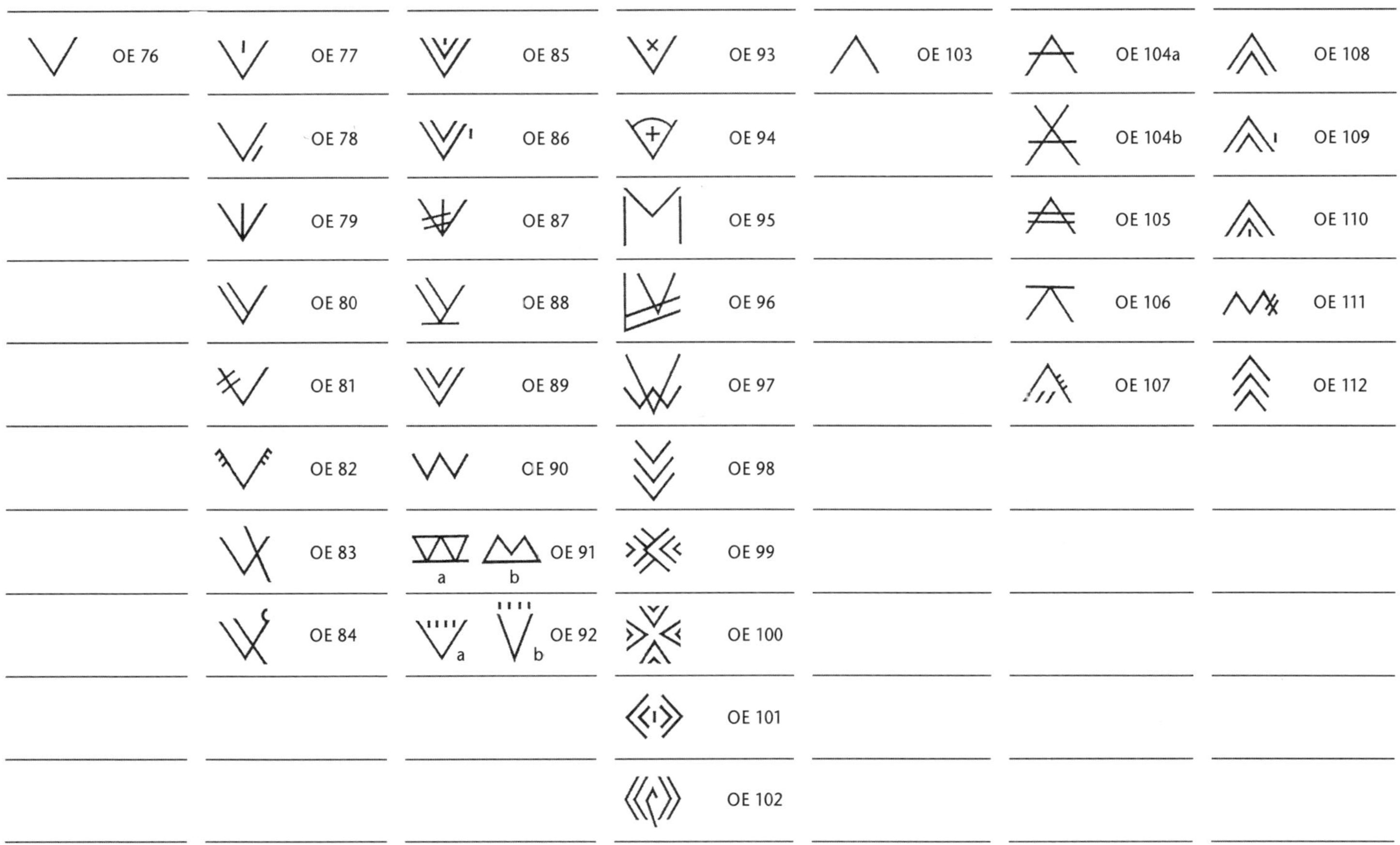
OE 76
OE 77
OE 78
OE 79
OE 80
OE 81
OE 82
OE 83
OE 84
OE 85
OE 86
OE 87
OE 88
OE 89
OE 90
a b OE 91
a b OE 92
OE 93
OE 94
OE 95
OE 96
OE 97
OE 98
OE 99
OE 100
OE 101
OE 102
OE 103
OE 104a
OE 104b
OE 105
OE 106
OE 107
OE 108
OE 109
OE 110
OE 111
OE 112

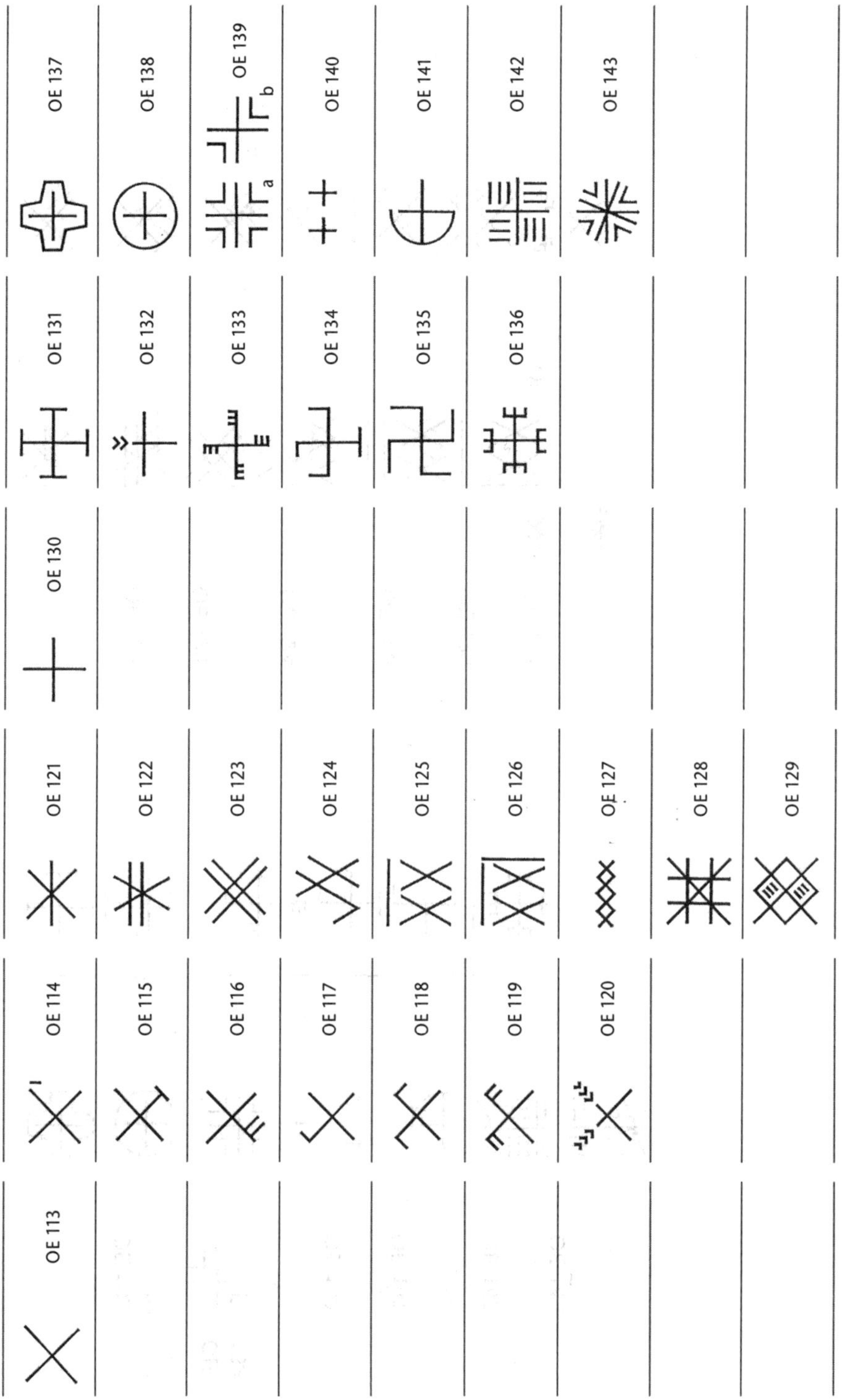

OE 113
OE 114
OE 115
OE 116
OE 117
OE 118
OE 119
OE 120
OE 121
OE 122
OE 123
OE 124
OE 125
OE 126
OE 127
OE 128
OE 129
OE 130
OE 131
OE 132
OE 133
OE 134
OE 135
OE 136
OE 137
OE 138
a
b
OE 139
OE 140
OE 141
OE 142
OE 143

 OE 144		
 OE 145	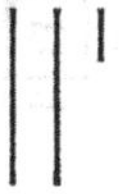 OE 146	 OE 147
		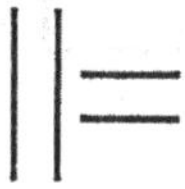 OE 148
 OE 149		
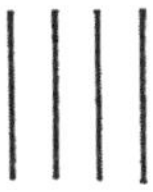 OE 150		
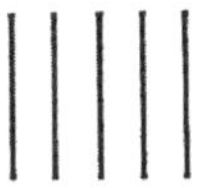 OE 151		
 OE 152		

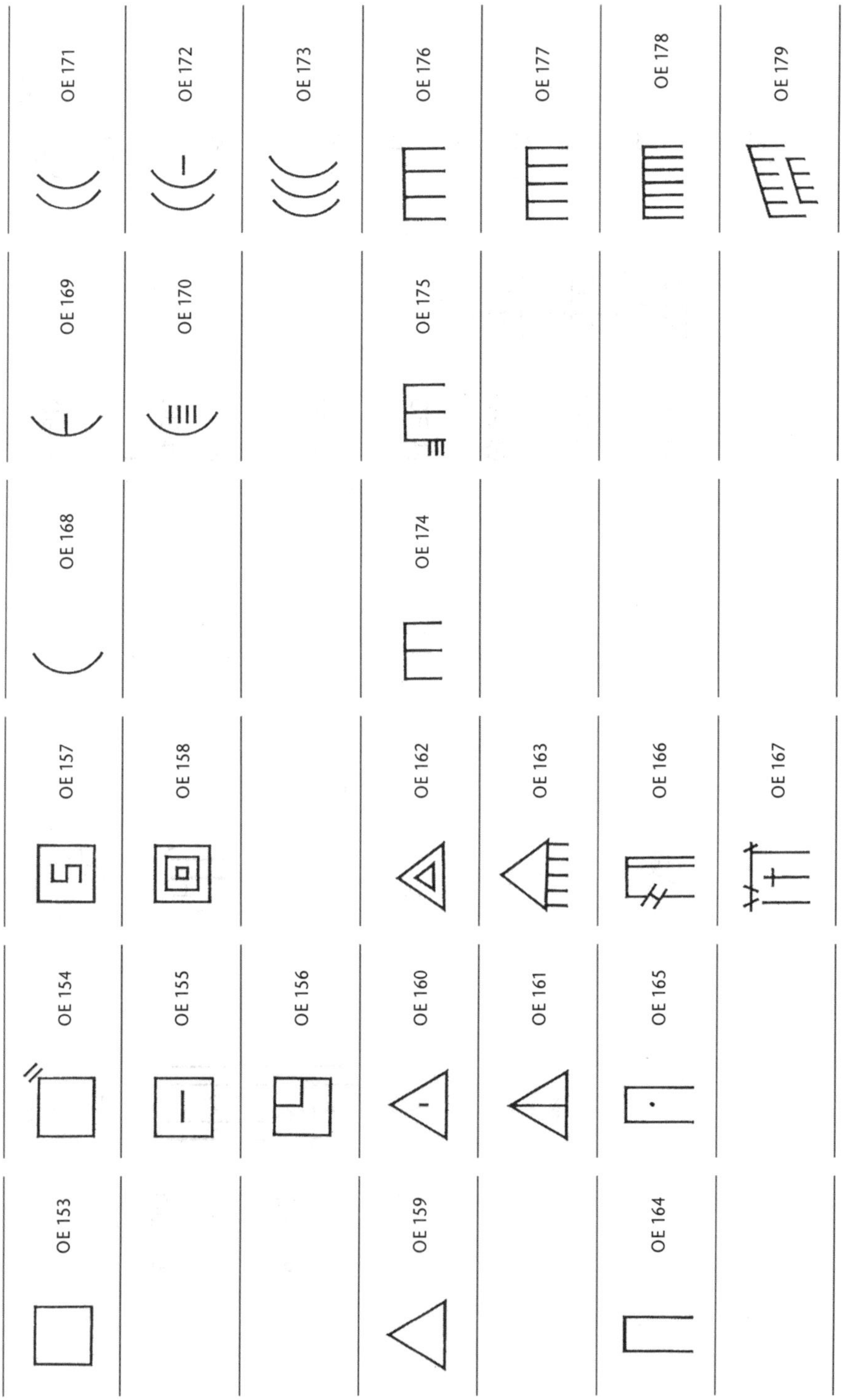
OE 153
OE 154
OE 157
OE 168
OE 169
OE 171
OE 155
OE 158
OE 170
OE 172
OE 156
OE 173
OE 159
OE 160
OE 162
OE 174
OE 175
OE 176
OE 161
OE 163
OE 177
OE 164
OE 165
OE 166
OE 178
OE 167
OE 179

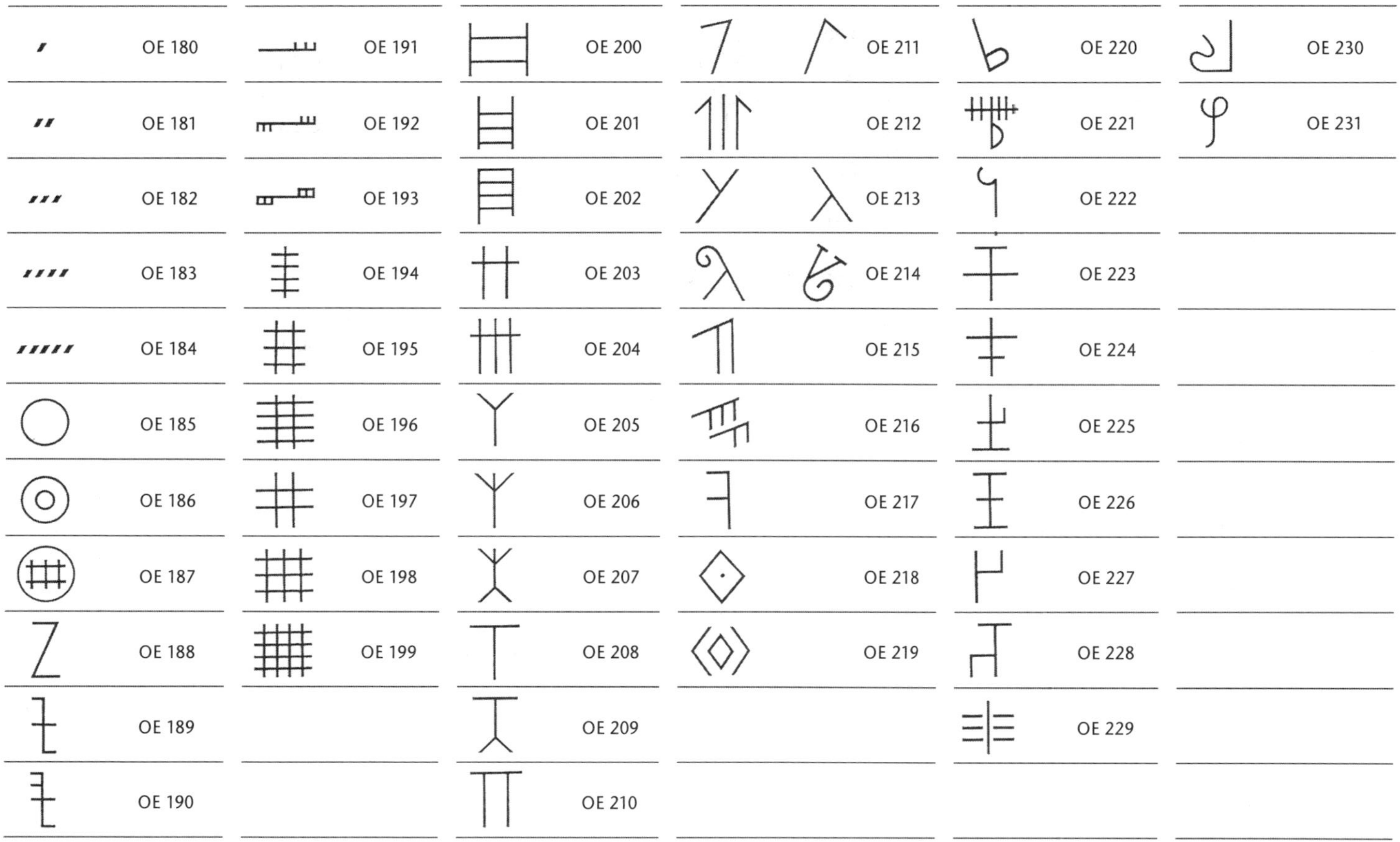

OE 180	OE 191	OE 200	OE 211	OE 220	OE 230
OE 181	OE 192	OE 201	OE 212	OE 221	OE 231
OE 182	OE 193	OE 202	OE 213	OE 222	
OE 183	OE 194	OE 203	OE 214	OE 223	
OE 184	OE 195	OE 204	OE 215	OE 224	
OE 185	OE 196	OE 205	OE 216	OE 225	
OE 186	OE 197	OE 206	OE 217	OE 226	
OE 187	OE 198	OE 207	OE 218	OE 227	
OE 188	OE 199	OE 208	OE 219	OE 228	
OE 189		OE 209		OE 229	
OE 190		OE 210			

II Anhang

Zeichenschatz der Trypillya-Schrift
(Zeichenrepertoire von verschiedenen Fundplätzen
in Auswahl nach Tkachuk 2009: 169 ff.)

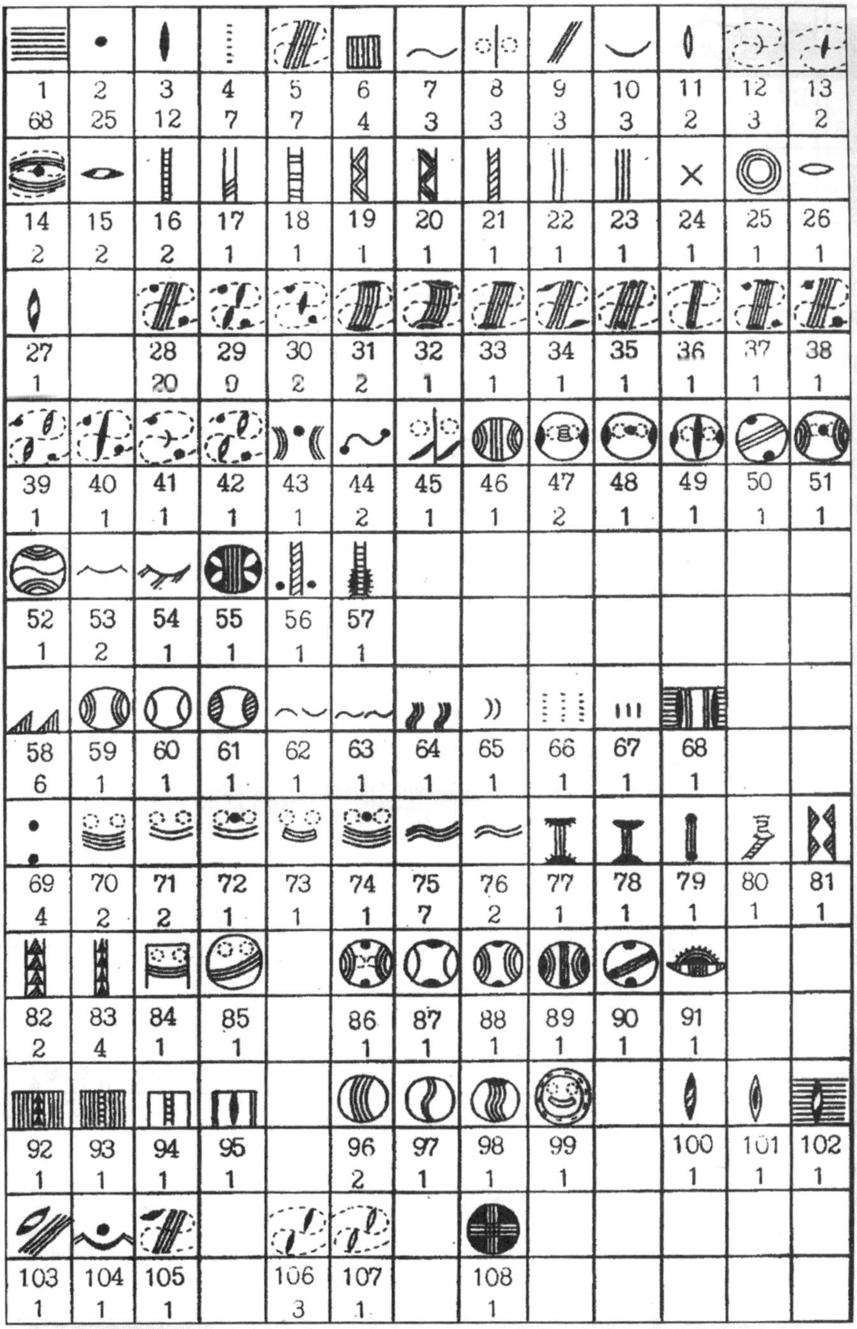

1 68
2 25
3 12
4 7
5 7
6 4
7 3
8 3
9 3
10 3
11 2
12 3
13 2
14 2
15 2
16 2
17 1
18 1
19 1
20 1
21 1
22 1
23 1
24 1
25 1
26 1
27 1
28 20
29 9
30 2
31 2
32 1
33 1
34 1
35 1
36 1
37 1
38 1
39 1
40 1
41 1
42 1
43 1
44 2
45 1
46 1
47 2
48 1
49 1
50 1
51 1
52 1
53 2
54 1
55 1
56 1
57 1
58 6
59 1
60 1
61 1
62 1
63 1
64 1
65 1
66 1
67 1
68 1
69 4
70 2
71 2
72 1
73 1
74 1
75 7
76 2
77 1
78 1
79 1
80 1
81 1
82 2
83 4
84 1
85 1
86 1
87 1
88 1
89 1
90 1
91 1
92 1
93 1
94 1
95 1
96 2
97 1
98 1
99 1
100 1
101 1
102 1
103 1
104 1
105 1
106 3
107 1
108 1

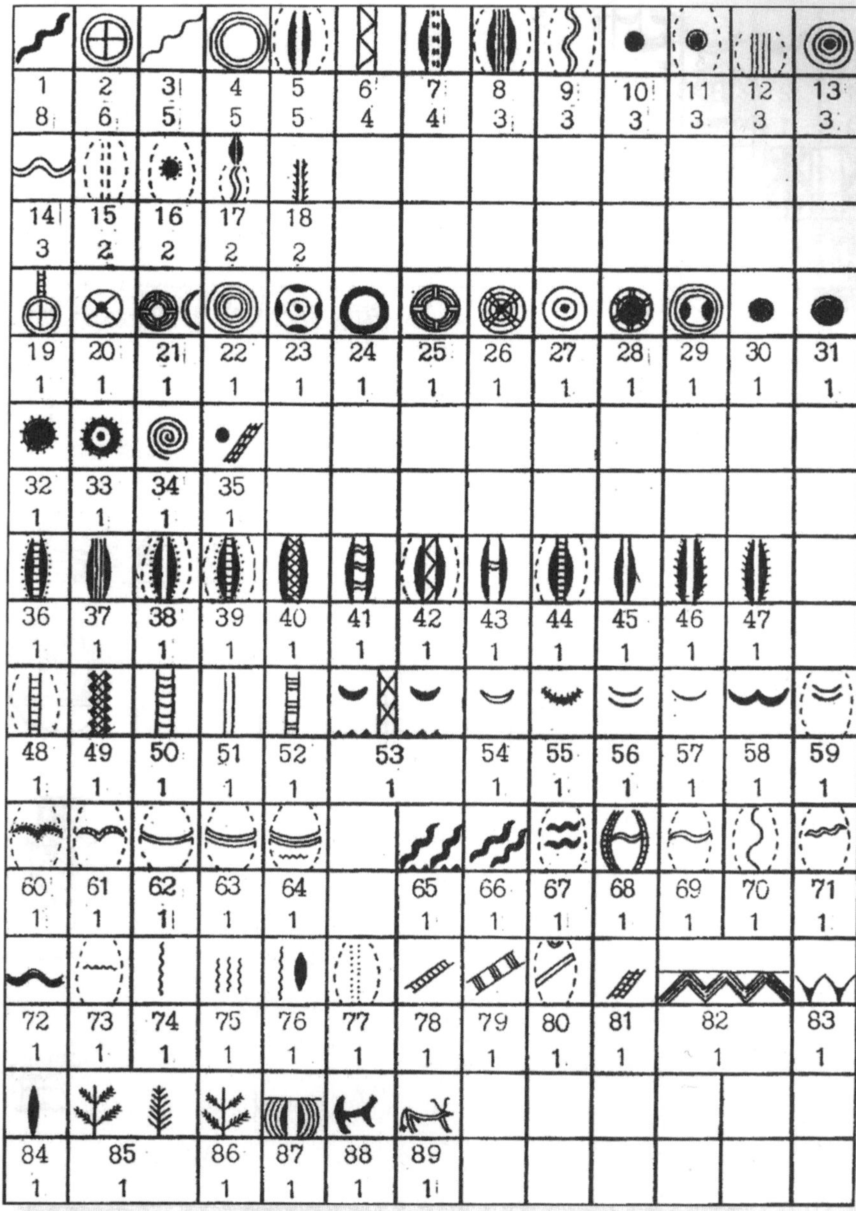

1 8 | 2 6 | 3 5 | 4 5 | 5 5 | 6 4 | 7 4 | 8 3 | 9 3 | 10 3 | 11 3 | 12 3 | 13 3
14 3 | 15 2 | 16 2 | 17 2 | 18 2
19 1 | 20 1 | 21 1 | 22 1 | 23 1 | 24 1 | 25 1 | 26 1 | 27 1 | 28 1 | 29 1 | 30 1 | 31 1
32 1 | 33 1 | 34 1 | 35 1
36 1 | 37 1 | 38 1 | 39 1 | 40 1 | 41 1 | 42 1 | 43 1 | 44 1 | 45 1 | 46 1 | 47 1
48 1 | 49 1 | 50 1 | 51 1 | 52 1 | 53 1 | 54 1 | 55 1 | 56 1 | 57 1 | 58 1 | 59 1
60 1 | 61 1 | 62 1 | 63 1 | 64 1 | 65 1 | 66 1 | 67 1 | 68 1 | 69 1 | 70 1 | 71 1
72 1 | 73 1 | 74 1 | 75 1 | 76 1 | 77 1 | 78 1 | 79 1 | 80 1 | 81 1 | 82 1 | 83 1
84 1 | 85 1 | 86 1 | 87 1 | 88 1 | 89 1

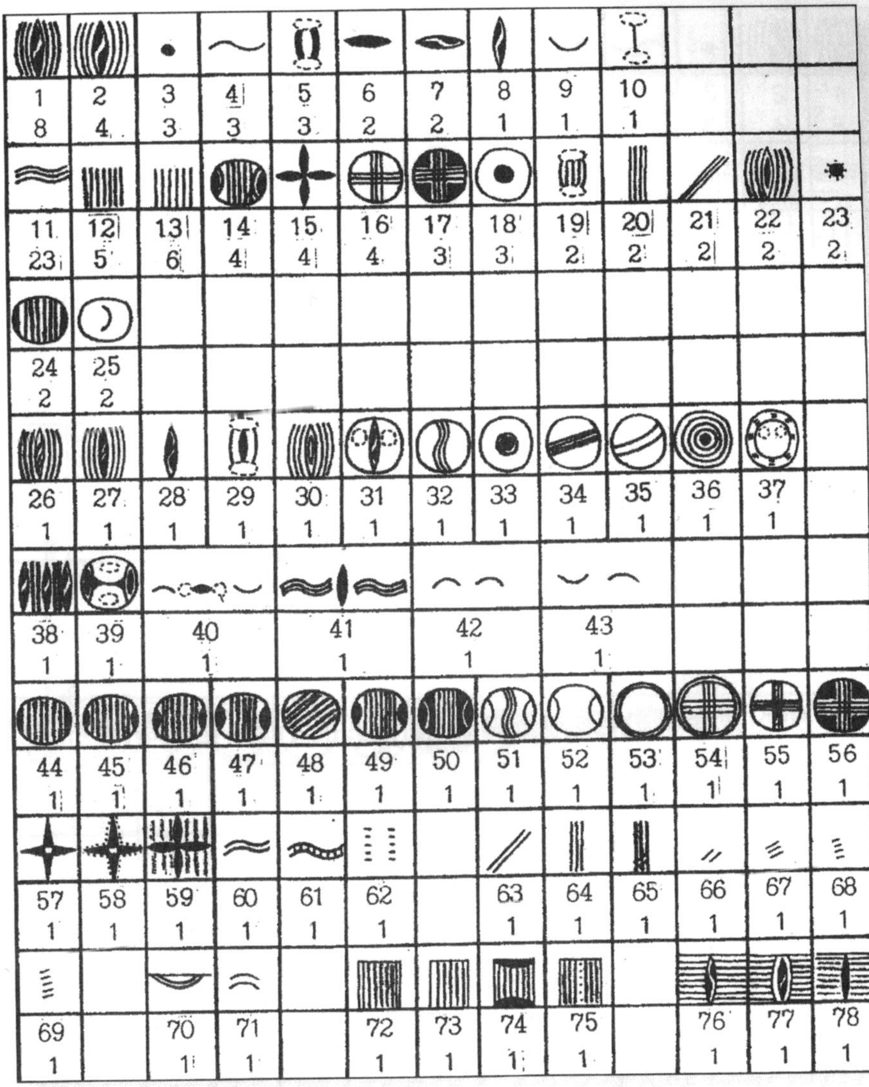
1 8
2 4
3 3
4 3
5 3
6 2
7 2
8 1
9 1
10 1
11 23
12 5
13 6
14 4
15 4
16 4
17 3
18 3
19 2
20 2
21 2
22 2
23 2
24 2
25 2
26 1
27 1
28 1
29 1
30 1
31 1
32 1
33 1
34 1
35 1
36 1
37 1
38 1
39 1
40 1
41 1
42 1
43 1
44 1
45 1
46 1
47 1
48 1
49 1
50 1
51 1
52 1
53 1
54 1
55 1
56 1
57 1
58 1
59 1
60 1
61 1
62 1
63 1
64 1
65 1
66 1
67 1
68 1
69 1
70 1
71 1
72 1
73 1
74 1
75 1
76 1
77 1
78 1

III Anhang

Liste der wichtigsten Orte mit Schriftfunden (nach Merlini 2009a: 751 ff.)

Albanien: Blaz, Dunavec, Kolsh, Maliq

Bosnien-Hercegovina: Butmir

Bulgarien: Altimir, Azmaška Mogila, Baurene, Bazovets, Bereketskaja Mogila, Borovan, Brenica, Burgas, Djakovo, Drama, Durankulak, Elešnica, Gradešnica, Hotnitsa (Kaja Bunar), Izvora, Karanovo, Kazanlak, Kovačevo, Kurilo, Nova Zagora, Ovčarovo, Peruštica, Ruse, Samovodene, Slatina, Vaksevo

Griechenland: Dikili Tash, Dimini, Dispilio, Ftelia, Paradimi, Sesklo, Sitagroi, Jannitsa

Kosovo: Fafos (Mitrovica), Priština, Runik (Illirion)

Kroatien: Danilo, Kaniška Iva

Makedonien: Anza, Cocev Kamen, Govrlevo, Porodin, Prilep, Veluška Tumba, Zelenikovo

Moldova: Putineşti

Montenegro: Spila

Rumänien: Alba Iulia, Băile Herculane, Balăci, Berea, Besenova, Căscioarele, Chitila-Fermă, Cluj, Daia Română, Drăguşeni, Fratelia, Gărăgău, Gornea, Gradinile Izlaz, Greaca, Hăbăseşti, Hodoni, Iclod, Isaiia, Leţ, Liubcova, Lozna, Magura, Nandru, Ocna Sibiului, Ostrovu Golu, Padea, Parţa, Piatra-Olt, Rast, Scânteia, Suceveni, Tangiru, Târpeşti, Tărtăria, Trestiana, Turdaş, Valea Nandrului, Vidra, Vităneşti, Zorlent

Serbien: Aradac, Banjica, Belovode, Blagotin, Čučuge, Divostin, Donja Branjevina, Drenovac, Dula Ostrikovac, Gomolava, Grabovac, Grivac, Jablanica, Jakovo, Jela, Kruševac, Lepenski Vir, Medvednjak, Mostonga, Obrenovac, Otok, Petnica, Pločnik, Potporani, Ražani, Ribnjak, Sebac, Selevac, Supska, Trsine, Vinča, Vlasac, Vršac-At

Ukraine: Aleksandrovka, Nikolaevka, Pečora, Vernašivka

Ungarn: Aszód, Battonya, Füzesabony-Gubakút, Kisköre, Kökénydomb, Kopancs, Sé, Szólád, Szolnok

IV Anhang

Übersicht der Logogramme für Gottheiten
(nach Winn 2009: 53)

IV. Identifikatoren der Göttin DS 51–72

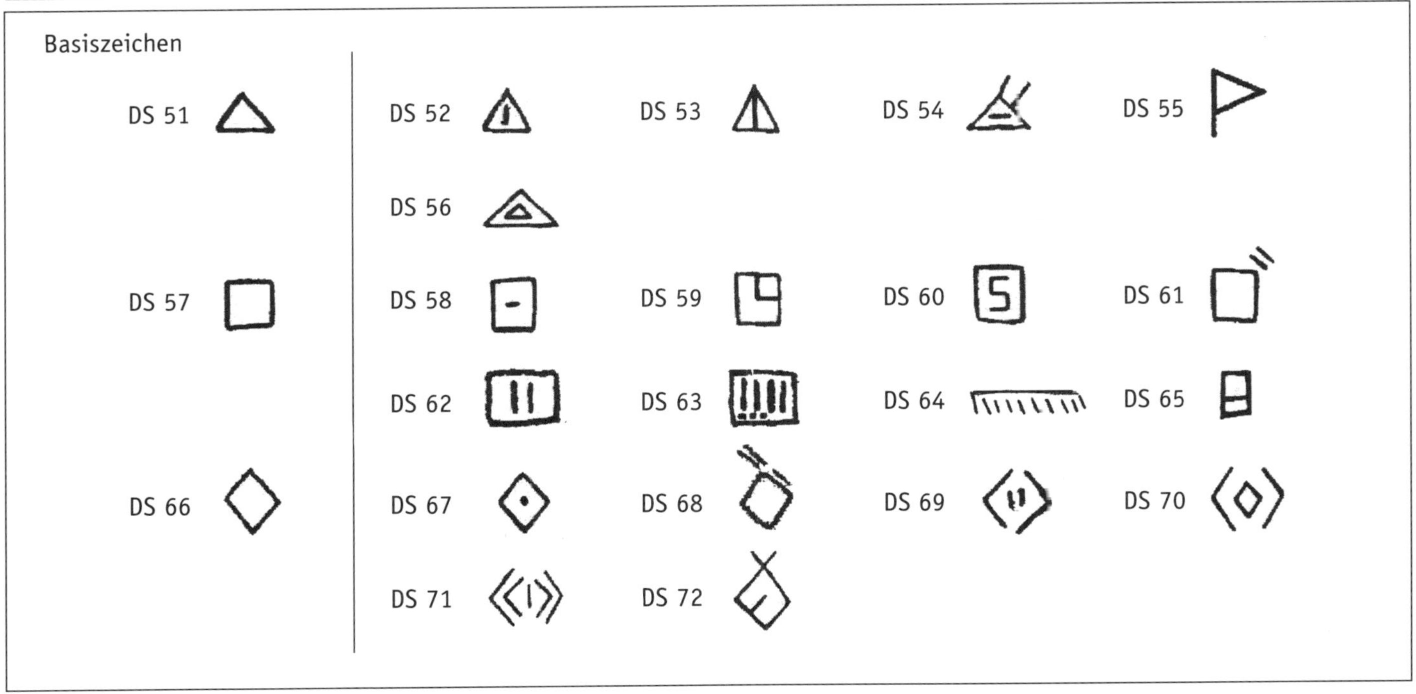

Hartwig Altenmüller

Einführung in die Hieroglyphenschrift

Allgemeinverständlich und zugleich wissenschaftlich fundiert vermittelt diese Einführung einen Überblick über die Geschichte und Systematik der altägyptischen Schrift. Im Mittelpunkt steht die Hieroglyphenschrift, deren Zeichen ausführlich erklärt und beschrieben werden. Darüber hinaus wird das von der Hieroglyphenschrift abgeleitete hieratische Schriftsystem vorgestellt. Lesestücke ermöglichen die Vertiefung der Schriftkenntnisse und regen an zum selbstständigen Lesen altägyptischer Inschriften.

Zielgruppe: Schriftinteressierte ohne Vorkenntnisse; Studierende der Ägyptologie, Archäologie und Orientalistik.

Lernziele: Beherrschung des ägyptischen Alphabets in Schrift und Wort sowie Grundkenntnisse in der Schriftgeschichte.

2., überarbeitete und erweiterte Auflage 2010.
X, 195 Seiten mit zahlreichen Abb. und einer Falttafel.
978-3-87548-535-6. Kart.

Inhalt: Antike Berichte zur Hieroglyphenschrift – Die Entzifferung der Ḥieroglyphen – Die Entwicklung der Schrift – Die Systematik der Hieroglyphenschrift – Besonderheiten der Hieroglyphenschrift – Schriftträger und Schreiber – Hieratisch geschriebene Texte – Das spätägyptische Alphabet – Die protosinaitische Schrift – Die Zeichen des hieroglyphischen Alphabets – Eine systematische Hieroglyphenliste – Zur Sprache der Inschriften – Hieroglyphische und hieratische Lesestücke (mit jeweils einem eigenem Glossar)

Beurteilungen

»Diese Einführung in die Hieroglyphenschrift vermag, dank der kundig gewählten Beispiele mit ihrer Transliteration und Übersetzung, den Leser für die nicht einfache Materie einzunehmen und zu begeistern. Für angehende Ägyptologen wird diese Neuerscheinung ein Muß sein.«
Wiener Zeitschrift für die Kunde des Morgenlandes

»Mit diesem Büchlein kann man noch nicht übersetzen, aber man hat das System der Hieroglyphenschrift in seinem Aufbau verstanden und sogar einige Grundprinzipien der altägyptischen Sprache erfahren. Die Darstellung ist deutlich das Resultat langjähriger didaktischer Erfahrung und liest sich ebenso klar wie eindeutig in jeder Definition.«
Auszug aus einer Beurteilung von Prof. Dr. Erich Winter

BUSKE